GUIDE COMMERCIAL

DE BERCY

ET DE

LA GARE D'IVRY

PARIS

AUX BUREAUX DE L'ADMINISTRATION

Rue de Crussol, 4

ET CHEZ LES PRINCIPAUX LIBRAIRES.

1854

GUIDE COMMERCIAL

DE BERCY

ET DE

LA GARE D'IVRY

AVIS IMPORTANT.

Les avis, rectifications, renseignements, demandes de souscriptions et d'insertions, doivent être adressés (FRANCO) à M. PIERSON (E.), rue de Crussol, 4, à Paris, qui s'empressera d'y faire droit.

Voir le Sommaire.)

PARIS. — TYP. MORRIS ET Cie, RUE AMELOT, 64.

GUIDE COMMERCIAL

DE BERCY

ET DE

LA GARE D'IVRY

ABRÉVIATIONS.

C.	Commissionnaire.
V-G.	Vins en gros.
V-E-V.	Vins, Eaux-de-vie, Vinaigre.
D.	Détaillant.
Pre-R.	Propriétaire récoltant.
E.	Eaux-de-vie.
N.	Nouveautés.
EP.	Epicier.
Pre.	Propriétaire.
G-D.	Gros et détail.
V.	Vinaigre.
V-V-S.	Vins, Vinaigres, Spiritueux.
V-V.	Vins et Vinaigres.
V-B.	Vins en bouteilles.
✳	Chevalier de la Légion d'honneur.
O. ✳	Officier de la Légion d'honneur.
G. O. ✳	Grand officier.
M. H.	Mention honorable.
N.C.	Notable Commerçant.
M. A.	Médaille d'argent.

SOMMAIRE (1).

Préface. — Administration supérieure. — Département de la Seine, sa population. — Préfecture du département de la Seine. — Sous-préfecture de Sceaux. — Administration municipale de Bercy. — Conseillers municipaux en exercice. — État civil. — Naissances. — Reconnaissances. — Légitimations. — Mariages, publications. — Décès. — Morts violentes ou accidentelles. — Service des convois pour inhumations. — Frais municipaux pour inhumations. — Convois des adultes. — Convois d'enfants. — Tarif du prix des cercueils. — Exhumations et transports avec leur tarif. — Tarif des concessions de terrains dans le cimetière de Bercy. — Naturalisation. — *Coût de la naturalisation.* — Certificats de vie. — Recrutement. — Affaires militaires. — Engagements, — Remplacements. — Substitutions. — Agents de recrutement recommandés. — Bureau de bienfaisance, *secours aux malades.* — Administrateurs et dames patronesses du bureau de bienfaisance. — Justice de paix. — Commissariat de

---

(1) Pour l'ordre et la pagination des articles du SOMMAIRE contenus dans le GUIDE COMMERCIAL DE BERCY, voir à la fin du volume la Table des matières.

police de Bercy. — Officiers ministériels. — Culte catholique. — Conseil de fabrique. — Communauté des sœurs de Saint-Vincent de Paul (*dites sœurs de charité*). — Culte protestant, *jours et heures de ses divers services religieux dans les environs de Paris.* — Écoles communales gratuites. — Instruction secondaire. — Pensionnats recommandés. — Salle d'asile. — Contributions directes, *réclamations et déclarations trimestrielles de vacances.* — Poids et mesures. — Cadastre. — Voirie. — Tarif des droits de voirie pour la commune de Bercy. — Classification des rues de Bercy. — Chemins de fer. — Numérotage des maisons. — Nomenclature des rues de Bercy. — Tableau par ordre alphabétique des rues, places et voies publiques de Bercy, avec leurs tenants et aboutissants. — **Liste alphabétique des négociants et commerçants de Bercy, par professions, rues et numéros de maisons. — Caves et magasins de Bercy avec désignation de leur situation et noms de leurs propriétaires ou locataires avec l'adresse de ces derniers.** — Renseignements d'utilité générale. — Banque de France. — Bourse de Paris. — Agents de change. — Tribunal de commerce. — Agréés près le tribunal de commerce. — Ministères (*jours et heures d'audiences*). — *Comptoir national.* — *Caisses hypothécaires.* — Tarif des droits d'enregistrement. — Assurances contre l'incendie. — Appareils pour le gaz. — Maisons recommandées. — Chemin de fer (*section de Montereau à Troyes*). — Garde nationale, etc., etc., etc.

PRÉFACE.

Le Guide Commercial de Bercy ne s'adresse pas seulement aux habitants de cette ville, à qui nous sommes heureux de l'offrir ;

Il intéresse encore *Paris et la province*, à qui ce volume fournira, nous l'espérons, tous les renseignements nécessaires à leurs nombreuses relations avec BERCY.

Nous croyons inutile d'insister sur l'importance acquise à cette commune, aujourd'hui, commercialement parlant, la plus considérable de la banlieue de Paris ; mais nous devons au moins constater le remarquable développement de sa prospérité toujours croissante.

Quelques demeures éparses, — maisons de campagne, ou maisons de jardiniers-maraîchers, — des caves servant d'entrepôt aux marchands de la capitale, voilà de quoi se composait BERCY *avant* 1790.

Son origine véritable ne remonte pas plus haut, et c'est alors qu'il fut érigé en commune.

Le premier pas était fait ; et de combien d'autres fut-il suivi depuis cette époque ! Chaque jour amenait avec lui son progrès, et *soixante-quatre ans* ont suffi pour mettre BERCY au rang des places de commerce les plus renommées en France.

Comment expliquer cette rapide métamorphose ? A quoi l'attribuer ?

A l'heureuse position de son port, situé sur la Seine, et si propice au débarquement et à la centralisation des vins ?

Oui, sans doute ; mais aussi à l'industrie de ses habitants, à leur activité merveilleuse, à la sûreté de leurs rapports, à leur affabilité, dont nous avons fait personnellement l'épreuve, en recueillant, auprès d'eux, les éléments de ce livre, qui est moins notre œuvre que celle de la population, toute pleine d'obligeance et d'empressement (1).

---

(1) Qu'il nous soit permis de mentionner et de remercier

Pour imprimer un dernier mouvement à des conditions d'avancement si favorables, il ne fallait plus
à BERCY que l'impulsion d'un administrateur habile
et dévoué.

M. LIBERT *fils ainé. Ecce homo :* voilà l'homme,
voilà le maire de Bercy.

*Ancien négociant, chevalier de la Légion d'hon-
neur, membre du conseil général de la Seine,* M. LI-
BERT consacre, depuis vingt ans, à ses fonctions
municipales les ressources d'un zèle infatigable et
d'une haute capacité.

C'est à M. LIBERT que l'on doit *la construction de
la mairie, des écoles communales et d'une salle d'asile
pour les petits enfants; l'éclairage au gaz, le pavage
et l'alignement des rues communales, l'amélioration
des chemins vicinaux, la création des écoles de chant
et de gymnastique; de deux marchés* (l'un de céréales, l'autre de comestibles); *l'établissement des sœurs
de Saint-Vincent de Paul,* chargées de visiter les
malades indigents à domicile, et aussi *la direction
de la crèche.*

L'économie productive des revenus communaux

---

particulièrement à ce sujet M. HUGOT, *adjoint au marie,*
M. BUREAU, *secrétaire de la mairie,* et M. LARRY aîné,
courtier gourmet.

1.

et du bureau de bienfaisance n'est pas un des moindres titres de M. LIBERT à la reconnaissance de ses administrés.

Enfin, et comme il est animé, jusque dans les plus petits détails, par la constante préoccupation de leurs intérêts, frappé de l'utilité relative du **Guide Commercial de Bercy**, M. LIBERT, par sa bienveillance et ses encouragements, dont nous lui exprimons ici notre sincère et profonde gratitude, a bien voulu nous faciliter les moyens d'atteindre notre but, et de compléter, autant que possible, cette publication (1).

----

(1) *La gare d'Ivry*, par sa situation et sa proximité, nous a paru comme une annexe de BERCY, et de même qu'elle y est jointe par un pont, nous en avons joint le recensement à la spécialité de notre travail.

GUIDE COMMERCIAL
DE BERCY

ADMINISTRATION SUPÉRIEURE.

Département de la Seine.

Le département de la Seine est administré par un préfet et deux sous-préfets : l'un pour l'arrondissement de *Sceaux*, l'autre pour celui de *Saint-Denis*. Le préfet est assisté d'un conseil composé de cinq membres.

La population actuelle du département de la Seine est, d'après le dernier recensement, de. . . . . 1,422,065 âmes.

Celle de l'arrondissement de *Sceaux* de. 135,011

Et celle de l'arrondissement de *Saint-Denis* de. 253,792

Préfet du département de la Seine.

M. Hausmann (C. ✳), au palais de l'Hôtel de ville.

M. Charles Merruau (✳), secrétaire général, *idem.*

Sous-Préfecture de l'arrondissement de Sceaux.

M. Léon Lambert, sous-préfet.

M. Grépo, secrétaire.

Nota. Les bureaux de la sous-préfecture ne sont ouverts au public que le mardi et le vendredi, de dix heures du matin à quatre heures du soir. Toutefois le service des légalisations n'est jamais interrompu.

ADMINISTRATION MUNICIPALE DE BERCY.

M. Libert fils aîné (※), maire.

MM. Hugot et Ligeron, adjoints.

M. Bureau, secrétaire.

Conformément à la loi du 18 *juillet* 1837, la commune de Bercy est administrée par un conseil municipal composé de vingt-sept membres. —Sa population, constatée par le dernier recensement quinquennal, est, d'après la déclaration du 10 mai 1852, de. . . . . . . 13,000 âmes.

Membres du Conseil municipal en exercice.

MM. Libert fils aîné (※), maire, Port, 26.

Hugot (Claude-François), adjoint, rue de Bercy, 11.

Ligeron (François-Denis), adjoint, Port, 58.

Alais (Armand-Hippolyte), Port, 17.

Amouroux (Antoine-Jos.), r. de l'Yonne, 11.

Aulanier (J.-Pierre), r. de Charenton, 35.

Coissieu (Ant.-Hippolyte), Port, 36.

Courvoisier (✳) (Félix), Port, 40.

Delaleu (Ch.-Gratien), Port, 71.

Delore (Mathieu), r. de Bercy, 20.

Fortier-Beaulieu (P.-Léandre), r. de la Lancette, 7.

Fournier (Louis-Aug.-Eug.), boucher, rue Montmartre, 131, à Paris.

Hérouard (François), de la Croix, 23.

Laurent (Ant.-Nicolas), r. de Charenton, 76.

Laveur (Antoine), r. de Charenton, 25.

Lecouffe (Émile), r. du Commerce, 33.

Legendre (Guillaume-Étienne), r. Gallois, 32.

Moussy (François), r. de Charenton, 8.

Paymal (Joseph-Martin), Port, 62.

Poirée (Georges-Jules-Joachim), r. de Bercy, chemin de fer, Paris.

Poitrasson (Benoît), Port, 59.

Robineau (Ant.-Félix), r. de Lyonne, 5.

Tétard (Charles-Théophile), r. de Bercy, 40.

Truchon (Henri), r. de Bercy, 40.

Verrier (J.-Philippe), Port, 30.

Les deux adjoints sont délégués, en l'absence ou au cas d'empêchement du maire, pour remplir les fonctions d'officier civil. Ils sont, en outre, chargés des autres fonctions que le maire ne s'est pas réservées exclusivement.

Nota. Un registre est ouvert à la mairie pour recevoir et consigner toutes les plaintes. S'adresser à M. Bureau, au secrétariat.

ÉTAT CIVIL.

M. Bureau, secrétaire, chargé du service en chef.

Attributions.

Naissances, reconnaissances, légitimations, adoptions, publications, mariages, décès, inhumations, exhumations, concessions de terrains dans le cimetière, naturalisation, certificats de vie de toute nature (*sauf pour les pensions militaires*) ; expéditions des actes.

Employés chargés de l'État civil.

MM. Deviercy, Bernières, Bertrand.

Naissances.

La déclaration doit être faite à l'officier de l'état civil dans les trois jours de l'accouchement, par le père, ou, à son défaut, par le médecin, chirurgien, officier de santé, sage-femme, ou *toute* autre *personne qui a assisté la mère dans l'opération de l'accouchement. (L'enfant doit être présenté.*) La déclaration tardive est punie par la loi de six jours à six mois de prison, et de 10 *francs* à 300 *francs* d'amende. Le déclarant doit être assisté de deux témoins majeurs, autant que possible sachant lire et écrire, et être porteur de son acte de mariage ou de toute autre pièce constatant son état civil ; s'il s'est marié, ou si quelques actes ont été reçus à son égard à la mairie, il doit le déclarer.—Il ne doit pas être donné à l'enfant d'autres prénoms que ceux en usage dans les divers calendriers et ceux des personnages connus dans l'histoire ancienne. (*Loi du* 11 *germinal an XI-*1ᵉʳ *avril* 1803).

Tout enfant naturel inscrit, dans son acte de naissance, sous le nom de sa mère, *ne peut légalement porter ce nom* s'il n'est reconnu par elle par un acte spécial fait soit à la mairie, soit par devant notaire. Il est dû pour chaque expédition d'un acte de naissance 1 fr. 25 c. pour le timbre et *trente centimes* pour droits d'expédition.

Reconnaissances.

La reconnaissance d'un enfant (*autre que ceux adultérins ou incestueux*) peut être faite en tout temps, en tous lieux, même avant la naissance de l'enfant, par le père et la mère, *séparément* ou *conjointement,* soit dans l'acte de naissance même, soit par un acte postérieur fait à la mairie, ou devant notaire, ou par testament.

La reconnaissance peut avoir lieu en vertu d'une procuration authentique ; elle est également faite avec l'assistance de deux témoins. — *Il en est fait mention en marge de l'acte de naissance. — (On ne doit reconnaître que ses propres enfants.)* L'expédition de l'acte de reconnaissance où de naissance en portant mention est sujette à un droit d'enregistrement de *cinq francs cinquante centimes.*

Légitimations.

La légitimation s'opère par le mariage subséquent des père et mère de l'enfant naturel (*Code Napoléon*, art. 338), pourvu qu'il ait été reconnu par eux avant le mariage, ou qu'ils le reconnaissent dans l'acte de célébration. — L'enfant légitimé jouit des mêmes avantages que l'enfant légitime. —L'expédition d'un acte portant mention de légitimation est sujet à un droit d'enregistrement de *deux francs vingt centimes.*

Mariages. — Publications.

Les publications n'ont jamais lieu que le *dimanche.* (*Code Napoléon*, art. 63.) Il y a huit jours d'intervalle entre chacune d'elles.

Il peut être accordé par le chef de l'État une

dispense de la deuxième publication, mais seulement pour des cas graves.—Les publications sont faites à la mairie du domicile des futurs ; le domicile, quant au mariage, s'acquiert par six mois d'habitation continue dans la même localité, et si ce domicile n'est pas acquis par plus de six mois, au domicile précédent. Elles le sont aussi à leur domicile légal, c'est-à-dire à celui des personnes sous la puissance desquelles ils se trouvent. Elles sont valables pendant un an, à partir du *troisième* jour après la *deuxième*. Les publications faites sans l'assentiment des parents *sont une insulte faite à la puissance paternelle* pour laquelle il n'y a pas de prescription. (*Circ. du proc. impérial.*)

Lorsque toutes les pièces indiquées dans l'instruction imprimée remise aux parties lors de l'inscription de la publication sont réunies, et que le délai des publications est légalement expiré, le jour du mariage peut être fixé soit un *mardi*, un *jeudi* ou un *samedi*. (*Le mariage peut être célébré à la mairie du domicile de l'un des deux futurs.* (*Code Napoléon*, art. 74.)

L'heure est fixée par l'officier civil. (Loi du 20 septembre 1792.) Il est remis un cadre imprimé pour y porter les noms, prénoms, âge, profession, domicile des *quatre témoins* qui doivent assister au mariage. Ce cadre doit être remis au bureau au plus tard la veille de la célébration, avant midi.

Il est indispensable de ne choisir pour témoins que des personnes sur lesquelles on puisse compter et sachant signer.

Les futurs époux, leurs parents et témoins doivent être tous réunis à la mairie les jour et heure indiqués. S'il arrivait un empêchement, on doit en prévenir la surveille *avant midi*.

Il est délivré aux futurs époux un certificat constatant leur mariage, et sans lequel leur union ne peut être bénie. (*Ils devront le réclamer à l'autorité religieuse après le lui avoir présenté.*)

Toutes les pièces déposées à l'appui d'un acte de mariage restent jusqu'à la fin de l'année à la mairie, et ensuite elles sont envoyées aux archives judiciaires du Palais de Justice, et il en est délivré des copies.— Il est dû pour expédition d'un acte de mariage : timbre, 1 fr. 25 cent.; expédition, 75 cent; ensemble, 2 fr.

La loi des 10-18 *juillet* 1850 impose la production du certificat du notaire constatant qu'il y a contrat de mariage, ou la déclaration négative des parties, à peine de *vingt-cinq francs* d'amende.

Les étrangers peuvent contracter mariage en

France, soit entre eux, soit avec des Français, *pourvu qu'ils remplissent les conditions imposées par la loi française,* ainsi que les formalités qu'elle prescrit. — Ils doivent justifier d'un certificat des autorités du lieu de leur naissance que, d'après les lois de leur pays, ils sont aptes à contracter mariage avec les personnes qu'ils se proposent d'épouser. (*Circ. du minist. de la justice,* 4 *mars* 1831.) Ce certificat peut être valablement délivré par l'ambassadeur du pays dont ils sont originaires. — Toutes personnes indigentes, non inscrites au rôle des contributions, ou n'en payant pas pour plus de *dix francs,* peuvent se procurer, par l'intermédiaire des maires et des procureurs impériaux, toutes les pièces nécessaires à leur mariage, à la légitimation de leurs enfants naturels, au retrait de ces enfants déposés dans les hospices, en produisant un certificat d'indigence, délivré par le commissaire de police ou par le maire ; dans les communes où il n'existe pas de commissaire de police, sur le vu d'un extrait du rôle des contributions et visé par M. le *juge de paix.*

Il n'est dû, pour la délivrance de ces pièces, que *trente centimes* par expédition et *cinquante centimes* en cas de légalisation. (*Loi du* 10 *déc.* 1850.)

Décès.

Ordonnateur des convois.

M. Thumaras, rue Soulages, 25.

Après un décès, le premier soin à prendre est de le déclarer immédiatement à la mairie. — Il est remis un bulletin qui doit contenir, le plus exactement possible, les nom, prénoms, lieu de naissance, âge, profession, heure de la déclaration (*l'inhumation ne peut avoir lieu que vingt-quatre heures après, sauf le cas d'urgence constaté*), lieu, rue, numéro, date, jour et heure du décès, et le nom du ou des médecins qui ont donné des soins au défunt. — Ce bulletin est remis au déclarant, qui le porte chez le médecin de service chargé de la constatation, lequel, après avoir reconnu le décès et la cause de la mort, le laisse chez la personne décédée. (*Le médecin constatateur des décès à Bercy est M. le docteur de Lanessant, rue du Commerce, 4.*) Muni dudit bulletin, deux témoins, qui doivent être, autant que possible, les plus proches parents ou voisins du défunt (*Code Nap.,* art. 78), se rendent à la mairie pour y faire dresser l'acte de décès. Si la personne est morte hors de son domicile, l'un des témoins doit être celle chez laquelle le décès est arrivé. — Il est expressément recommandé aux déclarants, afin d'éviter toute erreur dans l'acte, de se munir des actes de l'état civil du défunt, ou d'indiquer s'il en existe à la mairie. — En cas de décès d'un enfant dit *mort-né*, il est fait seulement une déclaration que l'enfant a été présenté à l'état civil *sans vie*, et l'époque de sa sortie du sein de la mère. (*Décret du 4 juillet* 1806.)

Morts violentes ou accidentelles.

En cas de mort violente ou accidentelle, on doit de suite requérir le commissaire de police de la section, qui dresse procès-verbal et en envoie un extrait au parquet, aux fins d'inhumations. Avis doit aussi en être donné à la mairie ; mais l'inhumation ne peut avoir lieu qu'après avoir été autorisée par M. le procureur impérial.

L'acte de décès en est dressé en la forme ordinaire. — Il est dû pour expédition d'un acte de décès : timbre, 1 fr. 25 c.; expédition, 30 cent.; ensemble, 1 fr. 55 cent.

Service des Convois pour inhumations.

Conformément à l'article 25 du décret du 23 prairial an XII, c'est à l'administration municipale qu'il appartient de régler les rétributions à payer par les familles pour tout ce qui est relatif au transport des corps des personnes décédées. — Le tarif en vigueur se trouve à la mairie, bureau des décès.

Frais municipaux. — Convois des adultes.

Ordonnateur du convoi, char attelé de deux chevaux noirs, drap mortuaire uni, cocher vêtu de deuil, porteurs vêtus de deuil . . . . . 18 fr.

Convois d'enfants.

Ordonnateur du convoi, brancard dit *cométe,* drap mortuaire uni, deux porteurs vêtus de deuil. . . . . 9 fr.

Pour les cercueils, le service des pompes funèbres et le service religieux, les commandes sont reçues à la mairie, au bureau de M. BERNIÈRES. — Le prix des bières est fixé ainsi qu'il suit :

Cercueils.

	Ordinaires.	Sapin d'ép.	chêne.
Mort-né à 1 an.	1 fr.	7 fr.	12 fr.
Mort, 1 à 3 ans.	2	9	15
— 3 à 5 ans.	3	11	18
— 5 à 12 ans.	5	13	20
— 12 à 15 ans.	6	15	23
Au-dessus de 6 pans.	8	25	40
de { de 8 pans	8	27	42
15 ans. { de 10 pans	9	30	45

Les bières ou cercueils ne peuvent être four-
nis que par l'administration des pompes funèbres,
qui traite d'après le tarif de la compagnie *Lan-
glé* avec la fabrique.

Exhumations et Transports.

La demande tendant à exhumer un corps doit
être sur timbre de 35 centimes, et faite par un
membre de la famille ou fondé de pouvoir, adressée à M. le préfet de police, s'il s'agit d'un
transport hors de la ville, d'une exhumation et
d'une réinhumation dans le cimetière de la ville
ou toutes autres.

La signature du pétitionnaire doit être léga-
lisée.

Toutes mesures de salubrité et sécurité sont
prises par l'autorité, suivant le besoin. Il en est
donné connaissance aux familles.

Il est dû pour inhumation :

Au conservateur du cimetière . . . . . 5 fr.
Aux fossoyeurs 5

Ensemble . . . . . 10 fr.

Il est dû pour chaque transport ou transfert
au commissaire de police pour vacation. . 7 fr.

Pour le transport du corps hors de Bercy, il
est dû un supplément au commissaire ordonna-

teur et aux porteurs, en raison de la distance à parcourir.

Il est expressément interdit aux employés du service des inhumations en général de réclamer quoi que ce soit aux familles, à titre de pourboire ou tout autre. — Les familles sont invitées, en cas de contravention à cette mesure, à en avertir l'autorité.

Tarif des concessions de terrains dans le cimetière de Bercy.

Détail des concessions à perpétuité :

	fr.	c.
Principal... (*commune*)	240	»
Pauvres... (le 1/3)	120	»
Quittance timbrée.	»	35
Enregistrement	15	85
Timbre et minute de l'expédition . .	2	50
Timbre de la demande	»	35
Total	379	05

Concessions de trente ans, *renouvelables :*

	fr.	c.
Principal (*commune*).	120	»
Pauvres (le 1/3).	60	»
Quittance timbrée.	»	35
Timbre de la demande	»	35
Enregistrement	7	92
Timbre et minute de l'expédition . .	2	50
Total	191	12

Concessions pour dix ans, *non renouvelables.*

	fr.	c.
Principal (*commune*)	40	»
Pauvres (le 1/3)	20	»
Quittance timbrée.	»	35
Timbre de la demande	»	35
Enregistrement	»	28
Timbre et minute de l'expédition . .	2	50
Total	63	48

Il est dû pour le dépôt d'un corps dans le caveau provisoire *cinquante centimes* par jour. — *Nota.* Dans les concessions de terrains, la donation en faveur des pauvres ne peut être moindre que du tiers du principal ; mais elle peut être plus élevée.

Naturalisation.

Cette matière est traitée principalement par la loi du 3 *décembre* 1849, qui dispose en substance que :

L'Empereur statue sur les demandes en naturalisation.

Elle ne peut être accordée qu'après enquête du Gouvernement et sur l'avis favorable du conseil d'État. L'étranger doit, en outre, réunir les deux conditions suivantes : 1° Avoir vingt et un ans accomplis et obtenu l'autorisation d'établir son domicile en France, conformément à l'*art. 43 du Code Napoléon;* — 2° avoir résidé pendant dix ans en France depuis cette autorisation. — Néanmoins, le délai de dix ans peut être réduit à une année en faveur de ceux qui ont rendu à la France des services importants, ou y ont apporté soit une industrie ou des inventions utiles, soit des talents distingués ou qui ont formé de grands établissements.

Les demandes en naturalisation doivent être faites sur papier timbré, être accompagnées de pièces dûment en forme prouvant l'extranéité, et de celles qui peuvent faire abréger les délais, et être remises à la mairie, à l'effet de suivre la voie hiérarchique. — Le coût de la naturalisation est de 172 fr.

SAVOIR :

	fr.	c.
Sceau.	100	»
Enregistrement	22	»
Référendaire.	50	»
Ensemble.	172	»

Une loi des 22, 29 *janvier* et 7 *février* 1851 dispose :

Art. 1er. — Est Français tout individu né en France d'un étranger qui lui-même y est né, à moins que dans l'année qui suivra l'époque de sa majorité, il ne réclame la qualité d'étranger par une déclaration faite soit devant l'autorité municipale du lieu de sa résidence, soit devant les agents diplomatiques ou consuls accrédités en France par le gouvernement étranger.

Art. 2. — L'art. 9 du Code Napoléon est applicable aux enfants de l'étranger naturalisé, quoique nés en pays étranger, s'ils étaient existants lors de la naturalisation. — A l'égard des enfants nés en France ou à l'étranger qui étaient majeurs à cette même époque, l'art. 9 du Code Napoléon leur est applicable dans l'année qui suivra la naturalisation.

Certificats de vie.

Toute personne jouissant d'une pension particulière ou sur l'État, d'une rente viagère ou autre, sur une tontine ou sur une compagnie d'assurance, etc. (*sauf les pensions militaires*), qui se présente pour la première fois, doit être munie du titre, brevet ou de toute autre pièce en tenant lieu, et assistée de deux témoins qui attesteront son identité. — Ce certificat est sujet à la légalisation de M. le sous-préfet de l'arrondissement de *Sceaux*, et c'est la mairie qui est chargée du soin de le lui envoyer. Les certificats des membres de la Légion d'honneur et ceux pour secours *militaires viagers* se font au bureau de l'état civil.

RECRUTEMENT.—AFFAIRES MILITAIRES.

Recrutement. — Enregistrement. — Inscription des jeunes gens. — Remplacements. — Substitutions.

Tous les ans, à partir du 1er janvier, les jeunes gens qui ont accompli leur vingtième année l'année précédente, c'est-à-dire du 1er janvier au 31 décembre à minuit, doivent se présenter à la mairie à l'effet de se faire inscrire sur le tableau préparatoire de leur classe. A défaut, les pères, mères, aïeuls, tuteurs ou curateurs, sont tenus de provoquer leur inscription, quels que soient leurs motifs d'exemption ou dispenses, pourvu qu'ils aient leur domicile légal dans la ville, c'est-à-dire que les parents sous la puissance desquels ils se trouvent y soient domiciliés. Aucune inscription ne peut avoir lieu que sur le vu de l'acte de naissance du jeune homme ou de mariage de ses parents. *L'omission est punie par la loi.*

Il est remis à chaque inscrit un certificat de déclaration qu'il doit conserver avec soin pour obtenir plus tard, en échange, un *certificat de libération* ou *d'exemption.*

L'inscription des jeunes gens a lieu à la mairie.

Le tirage au sort, au chef-lieu de canton.

La révision, au chef-lieu de département.

Le certificat d'exemption ou de libération est délivré sur timbre de 35 centimes à la préfecture (1846).

Toutes les pièces à produire sont délivrées sur papier libre et sans frais, mais elles doivent être légalisées lorsqu'elles viennent d'un département autre que celui du domicile légal ou sortent de ce dernier département.

Engagements.

(Art. 32 de la loi du 21 mars 1832.)

L'engagé volontaire doit :

1° S'il entre dans l'armée de mer, avoir seize ans accomplis, sans être tenu de la taille, mais sous condition qu'à dix-huit ans il ne sera pas reçu s'il n'a pas la taille voulue ;

2° S'il entre dans l'armée de terre, avoir dix-huit ans accomplis, et au moins 1 mètre 560 millimètres de taille ;

3° Jouir de ses droits civils ;

4° N'être ni marié ni veuf avec enfants ;

5° Être porteur d'un certificat de bonnes vie et mœurs délivré dans les formes prescrites par l'art. 20 de la même loi.

2.

S'il a moins de vingt ans, justifier du consentement de ses père, mère ou tuteur. Ce dernier devra être autorisé à cet effet par une délibération du conseil de famille.

La durée de l'engagement est de sept ans.

Toutes les pièces servant aux engagements sont exemptes de timbre et d'enregistrement.

Le jeune homme qui veut s'engager doit, avec son acte ou bulletin de naissance et le consentement de son père, se rendre, avec deux témoins, chez le commissaire de police de sa section, pour obtenir un certificat d'identité. Il dépose ces pièces à la mairie, où, après quelques jours, il lui est délivré un certificat en conformité de l'*art.* 20 *de la loi du* 21 *mars* 1852. — Il remet ces papiers au bureau du commandant du dépôt de recrutement du département, où, après avoir été visité, il reçoit un certificat d'acceptation ; de là il se rend avec deux témoins à une mairie, chef-lieu de canton, où il contracte son engagement ; sa feuille de route lui est délivrée à l'intendance militaire.

Remplacements.

Le jeune homme qui veut remplacer doit justifier qu'il a satisfait à la loi du recrutement, s'il n'a pas servi, par un certificat *coté* n° 2.

S'il a servi, par un congé en bonne forme et

un certificat de bonne conduite du corps. Il doit de même fournir un extrait des sommiers judiciaires du lieu de sa naissance. — (Toutes ces pièces doivent être sur timbres et légalisées.) — Ces formalités sont en général les mêmes que pour les engagements, sauf que l'acte de remplacement est reçu par le préfet (1).

Substitutions.

Elle n'a lieu qu'entre jeunes gens du même canton. — Elle doit avoir lieu avant la révision : on doit fournir également un certificat en conformité de l'art. 20 de la loi du 21 mars 1832.

L'acte de substitution est passé devant le préfet.

Le substituant exempte son frère.

BUREAU DE BIENFAISANCE. — SECOURS AUX MALADES.

Le service des indigents est administré par une commission de dix membres, dont les noms suivent :

---

(1) *Agents d'Assurance militaire pour les départements de la Seine, Eure, et Seine-et-Oise :* MM. J. A. Trimaille, Amiot et Comp., rue Saint-Antoine, 110 *bis*, à Paris. — Cette maison, qui compte 15 années d'existence, offre au public toutes les garanties de sécurité.

MM. Libert (✻), maire de Bercy, président.
Amouroux, r. de l'Yonne, 11.
Calot, Port, 32.
Garby, r. de Charenton, 15.
Laurent, r. de Charenton, 76.
Ligeron, r. de Bercy, 58.
Moreau, r. de Charenton, 71.
Remy, chemin de Reuilly, 10.
Tétard, r. de Bercy, 40.
Truchon, r. de Bercy, 40.

Deux médecins sont attachés à ce bureau.
Ce sont : MM. de Lanessant, r. du Commerce, 4.
Morisson, place de l'Église, 3.

Aux administrateurs susnommés sont adjointes pour la répartition des secours à domicile dix-huit dames patronesses, qui sont :

Pour la 1re section. — Mesdames Calot, Port, 32; Finet-Mathelin, Port, 16; Gailleton, r. de Bercy, 54; Truchon, r. de Bercy, 78.

2e *Section.* — De Lanessant, r. du Commerce, 4; Ligeron, Port, 58; Pay-mal, Port, 62; Ségaux, Port, 46.

3e *Section.* — Godefroy, r. de Bercy, 15.

4e *Section.* — Poitrasson, Port, 59; Révillon, r. Laroche, 3; Vène, place de l'Église, 3 (passage Martel).

5e *Section*. — Destrées, r. du Commerce, 46 ;
Labéda, r. du Commerce, 46 ;
Laveur, r. de Charenton, 25 ;
Sœur Louise, r. Grange-aux-
Merciers, 29.

6e *Section*. — Laurent, r. Charenton, 76 ;
Sœur Victoire, r. Grange-aux-
Merciers, 29.

JUSTICE DE PAIX.

A Charenton-le-Pont, hôtel de la Mairie.

Audiences civiles les lundis. — Audiences de simple police, les 1er et 3e jeudis de chaque mois. — Conciliations amiables, tous les jours de 10 heures à midi (chez M. le juge de paix). — Défaut, de suite.

Juge, M. Vinot, r. des Carrières, 56, à Charenton-le-Pont.

Suppléants, MM. Hunand, à Fontenay-sous-Bois ; Blondel, r. Ste-Anne, à Paris.

Greffier, M. Basseville, rue des Carrières, 128, à Charenton-le-Pont.

Commis-greffier, M. Bureau fils.

COMMISSARIAT DE POLICE.

Hôtel de la Mairie, place de l'Église.

Commissaire, M. Fontaine (Pierre-Julien).

Secrétaire, M. Knoepfflin.
Brigadier, M. Auger.
Sergents de ville, MM. Cabidos ; Pleu.

OFFICIERS MINISTÉRIELS.

MM. Chaufton, notaire à Charenton-le-Pont.
Ponceau, huissier, Port, 1, à Bercy.

CULTE CATHOLIQUE.

Curé, M. l'abbé Gueyton, r. des Carrières, 6.
Vicaires, MM. les abbés Vernhes, rue de Bercy, 85 ; Dusser, r. du Commerce, 6.
Prêtre habitué, M. l'abbé Thiénot.

Conseil de Fabrique.

Président, M. l'abbé Gueyton, curé.
Trésorier, M. Robineau, r. de Lyonne, 5.
Membres. MM. de Lanessant, Laveur, Libert ✳,
Ligeron, Truchon.

COMMUNAUTÉ DES SOEURS DE CHARITÉ.
Rue Grange-aux-Merciers, 29.

Supérieure, sœur Victoire.

CULTE PROTESTANT.

Ce culte se rattache, pour la commune de

Bercy, au temple de Paris, dont la circonscription s'étend à tout l'arrondissement de Sceaux.

Pasteur, M. Hosemann, rue Monsieur-le-Prince, 48, à Paris.

ÉCOLES COMMUNALES GRATUITES.

Il existe à Bercy trois écoles communales gratuites : une pour les garçons et deux pour les filles, dirigées :

Celle de la place de l'Église, n° 5, par M. Bonnain.

Celle sise même maison, par madame Bosc.

Et celle sise r. Grange-aux-Merciers, 21, par les sœurs de Saint-Vincent de Paul.

Salles d'asile.

Directrice, mademoiselle Monchanin (Louise).

Surveillante, mademoiselle Monchanin (Hyacinthe).

Médecins des écoles, M. de Lanessant, r. du Commerce, 4, et Morisson, place de l'Église, 3.

Écoles privées de garçons et filles.

(Voir la liste des professions.)

INSTRUCTION SECONDAIRE.

Indépendamment des écoles communales et

privées, Bercy compte d'importants pensionnats de jeunes gens et de jeunes demoiselles.

Pour les jeunes gens, deux établissements,
savoir :

Institution Guillot, r. Ste-Anne, 5.

   —   Passelaigue, r. de Bercy, 55. (Breveté de l'Académie de Paris, reçu à l'École Normale.)

Pour les jeunes demoiselles, deux établissements,
savoir :

Institution Aulanier (Mme), r. de Charenton, 35.

   —   Fréau (Mme V^e), r. Gallois, 16.

Ces établissements sont à juste titre en grande faveur près des familles, qui ne sauraient faire un meilleur choix pour leurs enfants, qui non-seulement y jouissent d'un air pur et d'une nourriture hygiénique, mais y font encore des progrès rapides et savamment dirigés. Dans les établissements consacrés aux jeunes demoiselles, l'éducation est plutôt solide que brillante, et l'on cherche à faire des élèves de bonnes mères de famille, sans toutefois les rendre étrangères aux exigences de la société. — La religion, inséparable de toute bonne éducation, est l'objet des soins particuliers des chefs de ces établissements.

CONTRIBUTIONS DIRECTES.

M. Carnet, percepteur-receveur, r. de Bercy, 85.

Le bureau est ouvert les mardi, mercredi, jeudi et vendredi, de neuf heures du matin à trois heures du soir.

M. Pilvois, contrôleur, rue du Faubourg-Poissonnière, 55.

Réclamations.

Le mode des réclamations relativement aux contributions, est suffisamment indiqué au *verso* des *avertissements* qui sont distribués aux contribuables dès le commencement de l'année ; il est recommandé d'observer ponctuellement les détails et formes prescrites, si l'ont veut obtenir *décharge, remise* ou *modération.*

Nous indiquerons très-sommairement la marche à suivre :

Quand la contribution est au-dessus de *trente francs,* la réclamation doit être sur papier timbré. Il est indispensable, dans tous les cas, de joindre à la réclamation soit le premier avertissement énonçant les bases et détails des taxes, soit la quittance des douzièmes échus; le tout doit être adressé à la sous-préfecture dans les *trois mois* qui suivent la publication des rôles. La date de cette publication est inscrite sur les avertissements. — Les réclamations parvenues à la préfecture de la Seine (*bureau de M. de Chateaubriant, chargé spécialement du service des contributions directes pour les communes de la banlieue*) sont envoyées à l'administration des contributions directes.

Déclarations trimestrielles de vacances.

Aucune déclaration de vacances n'est reçue à la mairie sans l'exhibition de l'avertissement indicatif du revenu et du nombre des portes et fenêtres.

À l'exclusion de tous autres papiers, formules ou quittances, les réclamants sont invités à conserver cette pièce pour la présenter à chaque trimestre. Si elle n'était plus en leur possession, un duplicata peut en être délivré par M. le percepteur.

Les déclaration se reçoivent :

Du 1er au 31 janvier de chaque année pour le premier trimestre.

Du 1er au 30 avril pour le deuxième.

Du 1er au 31 juillet pour le troisième.

Du 1er au 31 octobre pour le quatrième.

Il est urgent de se munir de la note exacte des ouvertures imposées des locaux vacants et du nom des derniers occupants. — MM. les propriétaires sont invités à ne pas attendre aux derniers jours du mois pour faire leurs déclarations. — Tout fondé de pouvoir doit être muni *d'une procuration régulière.*

POIDS ET MESURES.

M. Lallemant, vérificateur (pour l'arrondissement de Sceaux), rue d'Enghien, 8, à Paris.

M. Mathias, inspecteur des poids et mesures pour les arrondissements ruraux de la banlieue, rue Choiseul, 2, à Paris.

La vérification et l'estampillage des poids et mesures a lieu deux fois par an à Bercy, sur lettre d'avis adressée au domicile des redevables, et publication à son de caisse; la seconde fois est pour les retardataires.

Quand les délais sont expirés, les personnes qui se sont établies depuis doivent, après avoir fait ajuster leurs poids par un *balancier-ajusteur,* les porter au plus prochain bureau de vérification de Paris.

Tous les ans, à cet effet, le préfet de police déterminera, par une ordonnance spéciale, le laps de temps dans lequel les commerçants doivent faire vérifier leurs poids et mesures, chacun dans leurs bureaux respectifs. Les commerçants doivent se conformer à cette ordonnance, dont les dispositions peuvent faire provoquer contre eux la saisie de leurs poids et mesures quand ces instruments ne sont point pourvus du poinçon de garantie de l'année, après l'expiration du terme fixé pour chacun d'eux, conformément à l'*article 481 du Code pénal.*

La rétribution pour les vérificateurs étant perçue sur des rôles à l'instar des contributions, il n'y a rien à payer au bureau de vérification.

M. Lallemand (domicilié à Paris, rue d'Enghien, 8) se transporte dans les ateliers et maisons de commerce des personnes qui ont droit à ce que la vérification soit faite à domicile et dans les établissements publics. Les personnes qui ont au moins vingt poids de 20 kilogr., ou une balance à bascule, ont droit à la vérification à domicile, ainsi que les marchands de bois de chauffage.

La demande doit en être faite au préfet de police (elle peut l'être sur papier libre.) — Cette vérification se fait sans augmentation de frais.

PERMIS DE CHASSE.

Les demandes en autorisation de permis de chasse se formulent sur un timbre de 35 centimes. Elles doivent contenir les noms, prénoms, lieu, date de naissance, domicile et profession de l'impétrant.

Elles sont remises à la mairie, et le maire, après y avoir fait porter le signalement du pétitionnaire, émet son avis au bas de la demande, après quoi il la transmet au sous-préfet de Sceaux, qui en réfère à M. le préfet de police.

Il est donné à la mairie, lors du dépôt de la demande, un bulletin avec lequel le permis est réclamé à la préfecture de police.

Le coût du permis est de *vingt-cinq francs,* dont 15 francs pour l'État et 10 francs pour la commune (art. 3 de la loi du 3 mai 1844).

Il peut être refusé.

TARIF DES DROITS D'ENTRÉE

DANS PARIS.
(Décret du 16 juillet 1852.)

	L'HECTOLITRE.	
	Commune.	Trésor.
Vins.	9 87	8 »
Cidre, poiré et hydromel. . . .	3 76	4 »

Décime en plus.

Tarif des Droits d'Octroi.
Boissons et liquides.

	Commune.	Trésor.
Vins en cercles.	9 87	8 »
Vins en bouteilles.	6 92	8 »

Alcool pur contenu dans les eaux-de-vie et esprits en cercles; eaux-de-vie et esprits en bouteilles, liqueurs et fruits à l'eau-de-vie. . . . . 23 50 » 50

Bière de toutes provenances. . 3 96 » »

Huile d'olive. . . . . 37 60 » »

Huiles diverses, à l'exception du dégras et de l'huile de poisson impropre à l'éclairage. . . . . . 20 68 » »

Vinaigres. . . . . 3 87 » »

Essence de térébenthine. . . . 8 46 » »

Décime en plus.

CADASTRE.

Les plans et registres du cadastre sont déposés à la mairie. Ils sont communiqués aux intéressés; mais afin de ne pas les altérer, il est interdit d'en prendre aucun calque.

MM. les officiers ministériels, les propriétaires emprunteurs aux banques de crédit foncier et autres personnes qui ont besoin de copies de plans et d'extrait des registres indicatifs des contenances et classes des propriétés et terrés, sont prévenus que ce n'est point la mairie qui les délivre, mais la direction générale des contributions directes, M. Bastide, directeur, r. Poultier, 9 (*île Saint-Louis*), à Paris, où ils peuvent se présenter tous les jours *de deux à quatre heures seulement.*

CONTRIBUTIONS INDIRECTES.

Bureaux des recettes et déclarations, r. de Bercy, 92, et rue Gallois, 1, ouverts tous les jours en *été* de 6 heures du matin à 6 heures du soir, et en *hiver* de 7 heures du matin à 7 heures du soir (*les dimanches et fêtes exceptés*).

1re *Division*. — Contrôleur, M. Tiroche.
Receveur, M. Hardy.
Commis adjoint, M. Isnard.
Commis à pied, MM. Bonneau, Boudin, Calammier, Dervelay, Facon, Gobert, Humbert, Michel, Rigoley, Tevenet, Truchot.

2° *Division*. — Contrôleur, M. Daubanton.
Receveur, M. Servos.
Commis à pied, MM. Reignier, Dupeyraux, Fallet, Lefloch, Metzger, Ramard, Regnier, Rode, Uzac.

Recev.-buralistes, MM. Campette, barrière de Reuilly, Colom, r. de Charenton, 69, ***, Port, 69, ***, pont de Bercy.

DIRECTION DES POSTES.

Rue du Commerce, 6. — Bureau ouvert de 7 heures du matin à 8 heures du soir.

Directrice, madame CAMPMAS.

Heures de levées des boîtes : 9 h. 1/2 du matin, — 11 h. 1/2 du matin, — 1 h. 1/2 du matin, 3 h. 1/2 du soir, — 9 h. du soir. — Une levée spéciale pour les lettres *affranchies* au moyen de *timbres-poste* a lieu un quart d'heure après celle des lettres taxées. — *Heures des distributions :* 8 h. 1/2 du matin, — 12 h. 1/2 du matin, — 2 h. 1/2 du soir, — 4 h. du soir. — *Boîtes auxiliaires*, Port, 26. — *Heures des levées :* 9 h. 3/4 du matin, — 11 h. 3/4 du matin, — 3 h. 3/4 du soir ; — chemin de Reuilly, 5, — 8 h. 3/4 du matin, — 10 h. 3/4 du matin, — 2 h. 3/4 du soir ; — r. de Charenton, 37, — 8 h. 50 du matin, — 11 h. 50 du matin, — 2 h. 50 du soir.

GARDE NATIONALE.

52e BATAILLON.

Bureau de la Garde nationale.

M. Bertrand, chargé du travail, à la mairie.

ÉTAT-MAJOR.

MM. Courvoisier (✳), chef de bataillon, Port, 40.
Bincher, capitaine adjudant-major, Port, 63.
Proust, cap. rapp.; Champion, lieut.
Bonnain, lieut. secr.; Chamonard, s.-lieut.
Chévrier, sous-lieut., porte-drapeau.
De Lanessant, chir. maj., r. du Commerce, 4.

OFFICIERS.

Capitaines : MM. Acquart, Baledent, Lemaigre, Pinard, Roger, Servos.

Lieutenants : MM. Bonvalot, Champagnac, Crotte, Giraux, Hureau, Jeune.

Sous-lieutenants : MM. Busson, Baratin *jeune*, Caucurte, Malpertuy, Tessonnière, Verrier.

Secours contre l'Incendie.

Il existe à Bercy quatre pompes à incendie qui sont remisées : 1° deux à la mairie ; 2° une chez M. Plessis, *rue de Charenton*, 52 ; 3° et une chez M. Daubert (au Petit-Moulin), *rue de Reuilly*, 13.

3.

État-Major de la Compagnie des Sapeurs-Pompiers.

MM. Desplaces, cap.; *Louis* Daubert, lieut.; Bonisson, sous-lieut.

Les hommes composant la compagnie sont, pour la plupart, pris parmi ceux qui exercent des professions de bâtiment. Ils sont disséminés sur tous les points du territoire communal, et ils ont au-dessus de leur porte une plaque *indicative* qui permet de les reconnaître et de les requérir promptement en cas d'incendie.

RECETTE MUNICIPALE.
M. Carnet, percepteur-recev., r. de Bercy, 85.

LOGE MAÇONNIQUE.
Rue Gallois, 20.

GENDARMERIE IMPÉRIALE.
Rue de Charenton, 37.
M. Barba, maréchal-des-logis.

PAPIER TIMBRÉ.
Mme Cautini, r. de Bercy, 85.

CASERNE DE CAVALERIE.
Rue Grange-aux-Merciers, 18.
Elle est occupée par les équipages du train d'artillerie.

CIMETIÈRE.

Route de Charenton, 113.

Conservateur : M. Mouchanin.

M. Rémond (A.), mandataire des familles pour l'ordonnance des cérémonies funèbres et religieuses de Paris et la banlieue, *à Paris,* rue des Saints-Pères, 70.

MARCHÉS.

Bercy a aujourd'hui deux marchés par semaine, tous deux très-importants ; savoir :

1° Pour les fourrages, les mardi et vendredi, rue de Charenton ;

2° Pour les comestibles, fruits et légumes, les mardi et vendredi, place de l'Église.

FÊTE PATRONALE.

Elle a lieu le dernier dimanche de juillet.

ÉCLAIRAGE PAR LE GAZ.

Compagnie de l'Est, sous la raison sociale *Foucard et C*ᶜ, pour les communes de Bercy, Charenton, Charonne, Maison-Alfort, Saint-Mandé, Saint-Maurice, Vincennes et le chemin de fer de Paris à Lyon. — Bureau et usine, cours de Vincennes, 45, à Saint-Mandé.

Compagnie du Nord : MM. Gosse (Louis) et Cie, éclairage au gaz à la houille des Batignolles, la Chapelle Saint-Denis, Montmartre et la ville de Saint-Denis. Avenue de Clichy, 79, aux Batignolles, et à Paris, rue Jacob, 30.

Appareils à gaz.

M. Aubineau, rue Meslay, 65, à Paris, et Grande-Rue, 135-137, à la Chapelle-Saint-Denis. (*Maison recommandée.*)

ÉCLAIRAGE A L'HUILE.

Pour Paris, la banlieue et les environs.

M. Levent aîné, entrepreneur, rue Meslay, 67, à Paris, et rue Tholozé, 2, à Montmartre.

BITUME, ASPHALTE.

MM. Girouard et Reynaud, place de la Bourse, 12. — Applicateurs spéciaux de la compagnie Seyssel pour les produits des mines asphaltiques, trottoirs, dallage, bassins, chapes de ponts, etc.; mosaïque vénitienne, mosaïque d'asphalte et marbres incrustés.

THÉATRE.
Rue Saint-Louis, 2.
Lundi et samedi de chaque semaine.

Directeur, M. David.

Prix des places : Galeries, 2 fr.; orchestre,
1 fr. 50 c.; pourtour, 1 fr.; parterre, 75 c.

NAVIGATION DES PORTS.
Port, 39.

Inspecteur, M. Duchesne.

DISTRIBUTION D'EAU DE SEINE.
M. Brigant, rue Soulages, 15.

CAISSE D'ÉPARGNE.
A Paris, mairie du 8ᵉ arrondissement.

BAINS SUR PLACE.
M. Brigant (*bains de Bercy*), rue Soulages, 15.

BAL PUBLIC.
M. Carré (*bal champêtre*), rue Charenton, 105.

VOITURES SOUS REMISE.
MM. Allais, r. de Charenton, 72 ; Aubert, chemin de Reuilly, 9 ; Anquetil, Port, 1 ; Clément,
r. de Charenton, 2 ; Fossini, r. de Charenton, 9 ;
Goyer, r. de Charenton, 35.

VOITURES OMNIBUS.

Administration : MM. Moreau, Chaslon et Cie, rue de Rivoli *prolongée*, n° 1.

Ligne de Bercy-Louvre (bureau, Port, 52), correspondant, au pont Louis-Philippe, avec les *Parisiennes*, allant du chemin de fer de Lyon à Vaugirard ; les *Hirondelles*, allant de la rue Pascal à la place Cadet ; la *ligne du Trône au Carrousel* ; 2° au pont Notre-Dame, avec les *Citadines*, de Belleville à la place Dauphine, et les *Dames-Réunies*, de la Villette à Saint-Sulpice ; 3° rue Bertin, avec les *Hirondelles*, allant de la barrière Saint-Jacques à la barrière Rochechouart ; 4° au Louvre, avec les *Tricycles*, le Roule, la barrière Blanche ; les *Diligentes* pour Passy, Neuilly, Boulogne, Auteuil et Saint-Cloud. Cette même ligne prend aussi par correspondance (*mais les dimanches seulement*) les voyageurs des voitures de Charenton-lès-Carrières, dont le bureau est rue Soulages.

Ligne de Bercy à la Bastille (bureau, rue de Bercy, 118), correspondant, à la barrière de la Râpée, avec *Bercy-Louvre*, pour tout son parcours ; 2° à la Bastille, avec tous les boulevards, le Père-Lachaise, les *Diligentes*, le Trône et Batignolles-Monceau.

VAPEURS OMNIBUS DE LA SEINE.

Administration, quai Malaquais, 17.

Station au port de Bercy, près le pont.

Transport des voyageurs de *Choisy-le-Roi* à *Asnières*, en deux heures, avec temps d'arrêt à vingt-deux stations. — *Intérieur de Paris*, neuf stations, à 15 c.; de *Paris aux extrémités de la ligne*, trois stations en amont, dix en aval, à 30 c. — Le parcours entier de 30 kilomètres, 50 c.—Départs et arrivées toutes les trente minutes à chaque station.

ENLÈVEMENT DES BOUES ET BALAYAGE.

Le service de l'enlèvement des boues est fait par le sieur Tourneux, lequel est tenu, par le cahier des charges qui lui a été imposé par l'adjudication qui a été prononcée en sa faveur, à l'enlèvement journalier des boues, immondices, pailles, herbages, débris et autres résidus provenant soit de l'apport direct des habitants aux tombereaux de nettoiement, soit du balayage des rues et places publiques. (Il commence à huit heures du matin en été et à neuf heures en hiver.)

Cet entrepreneur n'est pas tenu d'enlever les matériaux provenant de démolitions ou de fouilles, de quelque espèce qu'elles soient, ni les ordures des jardins et débris des travaux exécutés sur la voie publique.

Balayage.

Chaque propriétaire ou locataire qui a accès sur la rue est tenu tous les jours de balayer le devant de sa propriété ou de sa location. Ce balayage doit toujours être fait le matin avant huit heures en été et neuf heures en hiver, l'enlèvement des ordures devant commencer, comme il est dit plus haut, à cette heure.

FOURRIÈRE.

Les accidents qui résultent ou peuvent résulter de l'abandon des animaux et voitures sur la voie publique nécessitent la désignation d'un endroit pour remiser les animaux et voitures ainsi abandonnés : c'est ce qu'on appelle FOURRIÈRE.

La FOURRIÈRE de Bercy est établie chez M. Vincent Carlier, r. de Bercy, 22. — Les animaux et les voitures saisis ou abandonnés, envoyés par l'officier de police qui a dressé le procès-verbal, sont reçus par lui.—Les animaux consignés à la fourrière sont visités dans les vingt-quatre heures par un expert-vétérinaire, nommé par le maire.

Les animaux et autres objets déposés à la fourrière ne sont rendus aux réclamants qui justifient de leur titre à leur propriété que sur l'autorisation de l'officier de police saisissant, et les frais de garde et de nourriture préalablement acquittés.

En cas de non-réclamation et au bout de huit jours, ils sont vendus à l'enchère sur le marché de Bercy, et le produit de la vente, tous frais déduits, versé à la caisse du receveur de l'enregistrement et des domaines, conformément aux lois.

(Il est dû pour frais de fourrière, 2 fr. 50 cent. par jour.)

VOIRIE.

M. Bourgeois, agent-voyer communal, r. de Malte, 20, à Paris.

M. Bureau, *secrétaire*, chargé du service, à la mairie.

Il ne peut s'élever aucune construction ni se faire aucune réparation dans la commune, quelque minime qu'en soit l'importance, sans l'obtention préalable de la permission de l'autorité, soit préfectorale, soit municipale.

Lorsqu'il s'agit de constructions nouvelles ou de réparations sur une route départementale, sur les boulevards ou sur un chemin vicinal de grande communication, la demande, faite sur un timbre de 35 centimes, doit être adressée à M. le préfet de la Seine. Quant aux constructions et aux réparations à exécuter dans les rues communales, les chemins vicinaux ou ruraux, la demande doit être adressée à M. le maire, qui la transmet immédiatement à l'agent-voyer communal, lequel doit se rendre sur les lieux pour prendre connaissance des travaux à faire, donner l'alignement si c'est une construction nouvelle, et dans tous les cas faire un rapport et donner son avis sur la demande. — Il dresse l'état des droits à percevoir, conformément à un tarif légalement établi. — Quant aux demandes adressées à M. le préfet de la Seine, après avoir été instruites par l'ingénieur des ponts et chaussées, les permissions accordées reviennent au percepteur, qui les remet aux intéressés, après l'acquitement des droits dus à la caisse municipale.

P. S. Les routes départementales et impériales sont :

La rue de Charenton, *route impériale* n° 5 ;

Rue de Bercy, *route départementale;*

Et rue Grange-aux-Merciers, *route départemententale.*

Permissions municipales.

Les constructions ou réparations à exécuter

dans les rues communales, les chemins vicinaux ou ruraux, ne sont autorisées par M. le maire qu'aux conditions suivantes :

1° *Entablements et saillies.* — Le propriétaire, l'architecte et l'entrepreneur sont tenus, conjointement, de se conformer pour la construction des auvents, corniches et autres saillies, à l'arrêté de M. le maire de Bercy, en date du 6 novembre 1843 , et pour la construction des entablements aux dispositions suivantes, contenues en l'art. 22 de l'ordonnance du 24 décembre 1823 :

« *Les entablements et corniches en plâtre au-*
» *dessus de seize centimètres de saillie sont pro-*
» *hibés dans toutes les constructions.*

» *Il n'est permis d'établir des corniches ou*
» *entablements de plus de seize centimètres de*
» *saillie qu'aux maisons construites en pierres*
» *ou moellons, sous la condition que ces corni-*
» *ches seront en pierres de taille ou en bois, et*
» *que la saillie n'excédera, dans aucun cas, l'é-*
» *paisseur du mur à sa sommité.*

» *Lorsque les corniches seront en pierres de*
» *taille , les pierres feront toujours parpaing.* »

2° *Hauteur des maisons.* — La hauteur des maisons sera fixée d'après la largeur des rues, conformément au règlement en vigueur à Paris.

3° *Barrière provisoire.* — Lorsqu'il y aura lieu d'établir une barrière provisoire au devant des constructions, le propriétaire devra se conformer pour la saillie de cette barrière aux prescriptions ordonnées par M. le maire de Bercy et énoncées dans le tableau ci-après.

4° *Nivellement.* — Les propriétaires, les architectes et les entrepreneurs qui voudront bâtir dans les rues et chemins non pavés devront avant de poser le seuil des portes, s'enquérir à la mairie du nivellement de la voie publique.

5° *Pavage et trottoirs.* — Le pavage ou le trottoir qui aura été dégradé à raison des ouvrages autorisés par la présente permission sera réparé sous la surveillance de l'agent-voyer aux frais du propriétaire.

— Les premiers frais de pavage du terrain dévolu à la voie publique par suite du reculement qu'a subi une propriété sont de droit à la charge du propriétaire.

— Lors de la construction de nouveaux trottoirs, il sera pris les mesures nécessaires pour que les eaux pluviales s'écoulent sous ces trottoirs au moyen de gargouilles pratiquées à cet effet.

6° *Inscriptions des rues.* — Les inscriptions indiquant les numéros des maisons et les noms des voies publiques seront conservées; les inscriptions endommagées par le fait des réparations autorisées par la présente permission seront rétablies et mises en bon état aux frais du propriétaire.

— Il est expressément défendu de masquer ces deux sortes d'inscriptions par des contre-vents, des persiennes, des enseignes, ou par tout autre objet en saillie.

7° *Ouverture de baies.* — Les portes bâtardes ou charretières ouvrant en dehors sont rigoureusement interdites ; cette disposition exceptionnelle ne pourra être tolérée que lorsque le peu de profondeur du terrain à l'intérieur ne permettra pas de faire différemment. (Ces ouvertures devront toujours être l'objet d'une demande particulière.)

RÈGLEMENT

annexé à l'arrêté du 6 novembre 1843, pour les saillies à établir dans les rues et chemins vicinaux.

Les saillies ne pourront excéder les dimensions suivantes, à partir du mur au-dessus de la retraite, savoir :

Saillies fixes.

	m.	c.
Pilastres et colonnes en pierre	0	03

Les jambes, étrières ou boutisses devront toujours être placées sur l'aligne-

m.   c.

ment ; dans le cas où les pilastres et colonnes auraient une épaisseur plus considérable que la saillie permise, l'excédant devra se trouver en arrière de l'alignement.

Grands balcons. 0 70

Cette espèce de saillie ne pourra être établie qu'à 4 m. 00 c. au moins au-dessus du sol, et seulement dans les rues de 10 m. 00 c. de largeur au moins ; ces balcons porteront sur des pierres de taille faisant parpaing sur les murs de face et seront en outre soutenus par des supports.

Petits balcons (y compris l'appui des croisées). 0 20

Bornes, à la base. 0 50

Les bornes devront toujours être adhérentes aux murs.

Bancs en bois ou en pierre. 0 50
Perrons. 0 70

En cas d'insuffisance de cette saillie, la différence de niveau sera rachetée par un reculement sur le sol de la propriété.

Pas et marches, même saillie que celle des bornes, au plus. 0 50

Auvents de boutiques, de portes ou croisées.	0	60
Pilastres en menuiserie.	0	15
Colonnes en menuiserie, isolées ou engagées	0	15
Tuyaux de descentes ou d'éviers . . .	0	15
Devantures de boutiques.	0	15
Barreaux et grilles de boutiques . . .	0	15
Tableaux, écussons, enseignes, montres, étalages, attributs (*y compris les supports et points d'appui*).	0	15
Portes ouvrant en dehors.	0	10
Ferrures de boutiques, portes ou fenêtres	0	10
Jalousies, persiennes ou contrevents .	0	10
Appuis de croisées, barres de supports.	0	10

Saillies mobiles.

Lanternes ou transparents	0	75

Leur élévation au-dessus du sol ne devra pas être de moins de 4 mètres.

Bannes.	1	»

Les bannes devront être établies avec des supports horizontaux et à 2 m. 30 c. au moins au-dessus du sol dans leur partie la plus basse.

Barrières devant les constructions :

Maximum.	2	«
Minimum.	0	15

CLASSIFICATION

1re *Classe*. — Port de Bercy ; rues de Bercy, de Charenton, Grange-aux-Merciers, Gallois, Neuve de la Gare, et boulevard de la Râpée.

2e *Classe*. — Rues Soulages, d'Orléans, du Commerce, Léopold, Sainte-Anne, Saint-Louis, Laroche ; avenue du petit Bercy ; boulevard de Bercy, et chemin de Reuilly.

3e *Classe*. — Rues Raoul, Fleury, Brèche-aux-Loups, de la Lancette, Libert, de la Croix, des Fonds-Verts, du Chemin-Vert, des Tourneux, de la Vallée de Fécamp, des Jardiniers, de la Planchette ; chemin des Marais, de la Croix-Rouge, des Meuniers, du Cimetière ; ruelle des Trois-Chandelles ; route stratégique ; boulevards de Charenton, de Reuilly et de Picpus.

TARIF DES DROITS DE VOIRIE

annexé à l'ordonnance royale du 31 janvier 1844.

DÉSIGNATION DES SAILLIES.	DROITS A PAYER.		
	1re classe	2e classe	3e classe
§ I. — *Constructions neuves :*			
Alignement :			
1° du bâtiment en maçonnerie. .	4 00	3 00	2 00
2° de constructions en pans de bois.	6 00	5 00	4 00
3° de murs de clôture	1 00	» 75	» 50
Exhaussement d'un bâtiment, droit fixe.	7 00	6 00	5 00
§ II. — *Constructions en saillie.*			
SAILLIES FIXES.			
Grand balcon, par mètre de longueur.	7 00	6 00	5 00
Petit balcon, droit fixe.	1 00	» 90	» 70
(Sont considérés comme grands balcons ceux qui ont plus de deux mètres de longueur.)			
Perron en pierre, droit fixe	10 00	7 00	7 00
(On payera en outre un droit pour la location du terrain occupé par le perron ; ce droit sera déterminé par le traité qui autorise l'occupation du terrain ; le droit sera dû lors même que les colonnes ou pilastres ne seraient en saillie que d'une partie seulement de leur épaisseur.)			
Colonne ou pilastre, droit fixe. . . .	3 00	2 00	1 00
Banc sur face des maisons, droit fixe	1 »	» 75	» 50
Borne isolée ou engagée.	1 00	» 75	» 50
NOTA. *Dans le cas de rétablissement de chacun de ces divers objets, il ne sera perçu qu'un demi-droit.*			

DÉSIGNATION DES SAILLIES.	DROITS A PAYER.		
	1re classe	2e classe	3e classe
SAILLIES MOBILES.			
Auvents en bois ou en métal :			
1° Au-dessus d'une boutique, droit fixe.	3 00	2 50	2 00
2° Au-dessus d'une porte (dite *Marquise*).	30 00	25 00	20 00
Porte ouvrant en dehors et croisées munies de contrevents, volets aux persiennes, ou garnies de grilles ou barreaux en saillie. Pour chaque porte ou croisée, droit fixe. .	1 00	, 75	, 50
Tableau, enseigne ou lanterne. Droit fixe.	4 00	3 00	2 00
Devanture de boutique. Par mètre de longueur.	2 00	1 50	1 00
Bannes devant les boutiques. Par mètre courant.	1 00	, 75	, 50
§ III. — *Travaux ou Réparations.*			
Reconstruction partielle d'un mur de face, y compris le bouchement des baies :			
1° Au rez-de-chaussée d'un bâtiment. Par chaque mètre de longueur	2 00	1 25	, 75
(*Il ne pourra être compté moins d'un mètre.*)			
2° Au-dessus du rez-de-chaussée. Droit fixe	4 00	3 00	2 00
Ouverture avec ou sans linteau au poitrail :			
1° d'une croisée.	1 50	1 00	, 75
2° d'une porte bâtarde.	3 00	2 00	1 00
3° d'une porte charretière, cochère ou grille.	6 00	4 00	2 00
4° d'une baie de boutique. . . .	6 00	4 00	2 00
Ravalement partiel en général :			
1° de la façade d'une maison, droit fixe.	3 00	2 50	2 00

DÉSIGNATION DES SAILLIES.	DROITS A PAYER.		
	1re classe	2e classe	3e classe
2° d'un mur de clôture, droit fixe.	1 50	1 00	» 50
Colonne en fer ou poteau, droit fixé.	4 00	3 00	2 00
Revêtement en dalles, par mètre de longueur	1 00	» 75	» 50
§ IV. — Droits divers.			
Barrières devant des travaux, droit fixe.	2 00	1 50	1 00
Etat, chevalement, contre-fiche, droit fixe.	4 00	3 »	2 00
Dépôt de matériaux autorisé sur la voie publique, quelle qu'en soit la nature, par mètre superficiel et par mois.	» 30	0 25	0 20
(On ne pourra pas taxer moins d'un mètre.)			

1° Le propriétaire, l'architecte ou l'entrepreneur sont tenus conjointement de prévenir l'agent-voyer communal du moment de la pose de la première assise de retraite, afin qu'il soit procédé à la vérification de l'alignement.

2° En cas d'incertitude dans l'application ou l'interprétation des termes de la présente permission, le propriétaire sera tenu de requérir l'agent-voyer communal, *M. Bourgeois, demeurant à Paris, rue de Malte, 20*, lequel donnera sur les lieux toutes les instructions nécessaires.

3° Le propriétaire ne devra pas, sous quelque prétexte que ce soit, s'écarter des conditions de la présente permission, qui n'est au surplus délivrée que sous la réserve des poursuites à exercer contre qui de droit, dans le cas où les travaux ci-dessus désignés auraient été commencés sans autorisation. Il sera tenu de laisser faire et de faciliter les vérifications d'alignement et de saillie par les architectes-voyers ou par tous autres agents de l'administration.

La présente permission, qui n'est délivrée que sous la réserve des droits des tiers, n'est valable que pour un an, à compter du jour de sa ratification par le maire; elle devra être renouvelée dans le cas où les travaux n'auraient pas été exécutés dans le délai susdit.

CHEMINS DE FER.

— Deux lignes, celle de *Paris à Lyon* et celle de *Paris à Strasbourg* (section de Montereau à Troyes) traversent Bercy.

— On trouve rue du Commerce, 8, à *Bercy*, une magnifique gare des marchandises appartenant à la *section de Montereau* à Troyes, dont les relations commerciales avec Bercy sont des plus importantes. (*Pour plus amples détails sur cette ligne, voir aux renseignements d'utilité géné-rale, page* 199.)

— La commune de Bercy est en outre traversée par le chemin de fer de *ceinture*, destiné à rallier entre elles toutes les lignes de Paris (1).

NOTA. Ajoutons que l'administration des omnibus à voie ferrée, allant du *Carrousel à Passy*, aurait l'intention de prolonger (en *suivant les quais*) cette ligne jusqu'à Bercy d'un côté, et de l'autre jusqu'à Saint-Cloud.

NUMÉROTAGE DES MAISONS.

Les séries en sont données par la mairie, et il est formellement interdit à tout propriétaire de numéroter d'office sa maison.

NOMENCLATURE DES RUES ET VOIES PUBLIQUES.

Il existe dans la commune de Bercy :

29 rues.
6 chemins.
4 boulevards.
2 places publiques.
1 avenue.
2 ruelles.
2 ponts.

Ensemble . . 46 voies publiques.

(1) *Administration.* — 47, rue de Provence, à Paris. — *Administrateur*, chef du service, M. Gayrard.

4.

NOMENCLATURE ALPHABÉTIQUE DES RUES ET VOIES PUBLIQUES DE LA COMMUNE DE BERCY,
avec indication de leurs tenants et aboutissants.

TITRES.	NOMS.	Classification	COMMENCE	FINIT
Rue...	Bercy (de).	1re classe.	barrière de Bercy.	rue Grange-aux-Merciers.
Port...	Bercy (de).	1re classe.	barrière de la Râpée.	Id.
Boulev...	Bercy (de).	2e classe.	barrière de Bercy.	barrière de Charenton.
Rue...	Bordeaux (de).	2e classe.	port de Bercy.	rue de Bercy.
Rue...	Bourgogne (de).	2e classe.	Id.	Id.
Rue...	Brèche-aux-Loups (de la).	3e classe.	rue de Charenton.	rue de la Lancette.
Ruelle.	Brèche-aux-Loups (de la).	3e classe.	rue de la Lancette.	chemin de Reuilly.
Ruelle.	Chandelles (des Trois-).	3e classe.	boulevard de Charenton.	ruelle Brèche-aux-Loups.
Rue...	Charenton (de).	1re classe.	barrière de Charenton.	aux fortifications.
Boulev.	Charenton (de).	3e classe.	barrière de Charenton.	barrière Reuilly.
Avenue.	Château (du Petit-).	2e classe.	rue de Bercy.	au petit château.
Rue...	Chemin-Vert (du).	3e classe.	rue de Charenton.	chemin des Meuniers.
Chemin.	Cimetière (du).	3e classe.	rue de Charenton.	chemin de Reuilly.
Rue...	Commerce (du).	2e classe.	rue de Bercy.	rue de Charenton.
Rue...	Croix (de la).	3e classe.	chemin des Meuniers.	chemin de la Croix-Rouge.
Chemin.	Croix-Rouge (de la).	3e classe.	barrière Picpus.	à la route stratégique, *et au delà des fortifications* à la rue des Noyers.
Place..	Église (de l').	1re classe.	rue du Commerce.	rue de Bercy.
Rue...	Fleury (de).	3e classe.	boulevard Reuilly.	rue Raoul.
Rue...	Fonds verts (des).	3e classe.	rue du Commerce.	rue de Charenton.

TITRES.	NOMS.	Classification	COMMENCE	FINIT
Rue...	Gallois (de).	1re classe.	port de Bercy.	rue de Bercy.
Place..	Gare (de la).	1re classe.	rue de Bercy.	rue de la Gare.
Rue...	Gare (Neuve de la).	1re classe.	rue de Bercy.	boulevard de Bercy.
Rue...	Grange-aux-Merciers.	1re classe.	port de Bercy.	rue de Charenton.
Rue...	Jardiniers (des).	3e classe.	rue de Charenton.	chemin des Meuniers.
Rue...	Lancette (de la).	3e classe.	rue de Charenton.	r. Brèche-aux-Loups.
Rue...	Laroche.	2e classe.	rue de Gallois.	avenue du Petit-Château.
Rue...	Léopold.	2e classe.	rue de Bercy.	entrepôt Gallois.
Rue...	Libert.	3e classe.	rue du Commerce.	boulevard de Bercy.
Rue...	Mâcon (de).	2e classe.	port de Bercy.	rue de Bercy.
Rue...	Marais-de-Reuilly (des).	3e classe.	boulevard de Reuilly.	boulevard de Saint-Mandé.
Chemin.	Meuniers (des).	3e classe.	ruelle Brèche-aux-Loups.	route stratégique.
Chemin.	Meuniers (des).	3e classe.	rue de Charenton.	avenue des Noyers.
Rue...	Orléans (d').	2e classe.	port de Bercy.	rue de Bercy.
Rue...	Planchette (de la).	3e classe.	rue Libert.	boulevard de Bercy.
Rue...	Raoul.	3e classe.	chemin de Reuilly.	chemin des Marais.
Boulev...	Râpée (de la).	1re classe.	barrière de la Râpée.	barrière de Bercy.
Chemin.	Reuilly (de).	2e classe.	barrière de Reuilly.	territoire de Charenton.
Boulev.	Reuilly.	3e classe.	barrière de Reuilly.	barrière Picpus.
Rue...	Anne (Sainte-).	2e classe.	rue Gallois.	avenue du Petit-Château.
Rue...	Louis (Saint-).	2e classe.	rue Gallois.	Id.
Rue...	Soulages.	2e classe.	port de Bercy.	rue de Bercy.
Rue...	Tourneux (des).	3e classe.	chemin de Reuilly.	chemin des Marais.
Rue...	Yonne (de l').	2e classe.	port de Bercy.	rue de Bercy.
Rue...	Vallée de Fécamp (de la).	3e classe.	rue de la Lancette.	rue de la Croix.

LISTE GÉNÉRALE

ALPHABÉTIQUE

DES

NÉGOCIANTS ET COMMERÇANTS

DE BERCY

Par Professions, Rues et Numéros de Maisons.

Agences.

Tauzin (Charles), *agent du chemin de fer du Nord;* Port, 50.

Affaires et Recouvrements.

Benoît, *ancien notaire,* recev. de rentes; Port, 50.

Morel, r. Charenton, 165.

Patey, *ancien greffier,* r. Grange-aux-Merciers, 47.

Architectes.

Blin, passage de l'Yonne, 7.

Gaumon, r. Bercy, 101.

Geudet, r. Charenton, 65.

Ruy, r. Bercy, 80.

Avocats.

Maillet (Cyprien), r. Charenton, 83.

Bas (Fabricant de).

Fouchet, r. du Commerce, 39.

Blanchisseurs.

Adevinant, r. de Bercy, 104.

Bouvallot (V^e) r. de la Lancette, 13.

Cavet, r. de la Lancette, 15.

Divaret, r. Ste-Anne, 3.

Hossé, r. de la Lancette, 17.

Lamblin, r. de la Lancette, 13.

Mony, r. de la Lancette, 15.

Potet, r. Ste-Anne, 7.

Sedaine, r. de Charenton, 16.

Sedaine, r. de la Lancette, 13.

Sauvageot, r. Grange-aux-Merciers, 21.

Bois et Charbons en gros (*Marchand de*).

Aubry, commissionnaire en charbon, r. d'Orléans, 10-16.

Baudoin, r. d'Orléans, 33.

Beaufils (Louis), chemin de Reuilly, 24.

Bled (Louis), bois à bateaux, Port, 65.

Bournelle, bois et charbon, gros et détail, chemin de Reuilly, 15.

Caron, *bois divers*, Port, 77.

Colas (*Ambroise*), charbon de bois, coke, charbon de terre et commissionnaire en charbon de bois au détail, r. Soulage, 12,

Crozat (Louis), bois et charbon, r. de Charenton, 41.

Davril, bois de sciage, r. de Charenton, 78, et quai de la Râpée, 52, à Paris.

Derouet (Auguste), charbon de terre et de bois, r. d'Orléans, 6.

Gaillard, bois à brûler, boulv. de Charenton, 10.

Gendron, bois à bateaux et autres, r. Soulages, 16.

Gendron, bois à bateaux, Port, 60.

Grappe, bois de toute espèce, place de l'Église.

Jaconet (Th. et Comp.), bois de sciage, r. de Charenton, 56.

Joure, r. Libert, 11.

Levasseur (*frères*), bois de sciage, r. Léopold Ier.

Marquet-Boucley (*Chantier de l'Espérance*), r. de Bercy, 97.

Parisot, bois de sciage, r. de Charenton, 58.

Paymal (Claude), bois de sciage, r. Gallois, 13.

Paymal (Henry), bois de sciage, Port, 62.

Paymal (François-Auguste), Port, 62.

Paymal père, Port, 61.

Philippon, r. de Charenton, 11.

Porteneuve, bois de sciage, r. de Charenton, 70.

Protat fils, bois à brûler, charbon de bois de l'*Yonne*, coke et charbon de terre, r. de Charenton, 82.

Robineau, bois de sciage, passage de l'Yonne, 1.

Saupic, bois de sciage, Port, 53.
Tafanel, bois et charbon, r. d'Orléans, 22.
Toussaint, bois, r. d'Orléans. 10.

Bouchers.

Barbu, r. de Bercy, 92.
Bidaut, r. Grange-aux-Merciers, 49.
Bealeux, r. de Bercy, 20.
Blondeau (*aîné*), r. de Bercy, 108.
Blondeau, r. de Charenton, 26.
Chalouvrier (*jeune*), r. de Charenton, 47.
Garby, r. de Charenton, 17.
Hébert (A.-C.), chemin de Reuilly, 18.
Jorain, r. de Bercy, 64.
Josse (*fils*), r. de Charenton, 6.
Josse, r. de Bercy, 64.
Leduc, Port, 38.
Moreau, r. de Charenton, 64.
Nadau, chemin de Reuilly, 8.
Quarré, r. de Charenton, 75.
Simon, Port, 72.
Tétard, r. de Bercy, 101.
Tiou, chemin de Reuilly, 30.
Vallat, r. de Bercy, 32.

Boulangers.

Antoni, r. de Bercy, 21.
Bougault, Port, 64.

Couty, r. de Bercy, 104.
Dussardier, Port, 37.
Duval, r. de Bercy, 58.
Gauthier, chemin de Reuilly, 11.
Gérard, r. de Bercy, 118.
Guillemin, r. de Charenton, 2.
Hébert, chemin de Reuilly, 6.
Hindérer, Port, 7.
Lamy, r. de Bercy, 6.
Laroche, r. de Charenton, 11.
Larue, r. de Charenton, 27.
Maillard, r. de Bercy, 85.
Maréchal, r. de Bercy, 1,
Papin, r. de Charenton, 51.
Rayé, r. de Charenton, 85.
Rue, r. de Charenton, 66.
Verrier, r. de Bercy, 15.

Bourreliers-Selliers.

Bodson, chemin de Reuilly, 6.
Nicolas, r. et place de la Gare, 1, *à Bercy.*
Robinet, r. Charenton, 73.

Brasserie.

Gallot, r. de Charenton, 35.

Brocanteurs.

Delarue, r. de Charenton, 16.

Vachot (*marchand de ferraille*), r. de Charenton, 52.

Broches pour la Tonnellerie.

Jacob-Cordès, fabricant, r. de Bercy, 14, et r. de Bourgogne, 16.

Brodeuses.

Dauvert (Mme), r. Gallois, 32.

Brosserie (Fab. de).

Valentin-Lecoz, r. de Bercy, 22. (*Voir aux Van-niers.*)

Cabinets littéraires.

Delaunois (Mme), r. de Bercy, 80. (*Voir aux Pa-petiers.*)

Lœillet, r. de Charenton, 59.

Cerceaux et Osiers.

Boignier, r. de Bercy, 95.

Boulant (Hippolyte), r. de Bourgogne, 16.

Genty (Charles), r. de Bourgogne, 16.

Lafond, boulevard de Bercy, 14.

Laroche, r. de Bercy, 74.

Roux-Olivier, r. de Bercy, 106. (*Voir aux Épi-ciers.*)

Roux, passage de l'Yonne, 15.

Chandelles (Fab. de).

Chappoteau (*Dépôt de pain de creton*), r. de Cha-renton, 83.

Chapeliers.

Lebrun, r. de Bercy, 41.
Morel, r. de Charenton, 17.

Charbonniers (*au détail*).

Adéral-Monel, r. de Charenton, 29.
André, r. de Charenton, 18.
Apcher, r. de Charenton, 9.
Degonce, r. Ste-Anne, 8.
Désiré, boulevard Charenton, 14.
Dollo, boulevard de Bercy, 50.
Girau, boulevard Reuilly, 16.
Guimbal, r. de Charenton, 85.
Missonnier (Ve), r. Ste-Anne.
Robin, r. de Bercy, 32.
Thirault, r. de Bercy, 47.

Charcutiers.

Aubry, r. de Charenton, 4-17.
Baudry, r. de Bercy, 38.
Deschaux, r. Gallois, 2.
Dusautoir, r. de Charenton, 68.
Cresson, rue Libert, 3.
Grillot, r. Grange-aux-Merciers, 21.
Michel (Ve), r. de Bercy, 90.
Papin, chemin de Reuilly, 18.
Philippet, r. de Bercy, 9.
Remy, chemin de Reuilly, 10.
Robert, r. de Bercy, 113.

Charpentiers.

Doucet, Port, 61.
Daubert (Louis), *entrepren.*, chem. de Reuilly, 13.
Daubert (Jean), *entrepren.*, chem. de Reuilly, 14.
Daubert (Joseph), *entrepr.*, chem. de Reuilly, 14.
Daubert (Louis-Eugène), *entrepreneur*, chemin de Reuilly, 13.
Daubert (Louis), *entrepren.*, chem. de Reuilly, 13.
Delaunay, boulevard de Bercy, 8.
Delapraye, chemin de Reuilly, 28 *bis*.
Legendre, *entrepreneur*, r. Gallois, 32.
Tétard, *entrepreneur*, r. de Bercy, 42.

Charrons-Forgerons.

Alliot, r. Sainte-Anne, 7, et r. Saint-Louis, 3.
Charrier, r. de Charenton, 19.
Flachot, r. de Bercy, 68.
Mony et Moisseron, boulevard de Charenton, 32.
Rontard, r. et place de la Gare, 15, *à Bercy*.

Chaudronniers.

Buisson, r. de Bercy, 107. (Voir aux *Plombiers*.)
Castillon (Mme), née Fournier, rue de Bercy, 11. (Voir aux *Plombiers*.)
Fouchet, r. de Charenton, 34.
Rigal, r. de Charenton, 70.

Chevaux (Marchand de).

Colombel, barrière de Charenton, 20.

Ciment Romain.

Labreau jeune et Meurger, rue Saint-Louis, à
Bercy, et à Pouilly, en Auchois (*Côte-d'Or*).

Marteau (père et fils), Port, 32. (Voir aux *Vins et
Eaux-de-vie.*) Dépôt des ciments romains de
Pouilly (Côte-d'Or).

Coletins.

Entreprise des gros coletins de Bercy. *Chef* Leroy (Hippolyte). *Bureau* chez Denize, Port, 63.

Coiffeurs.

Allard, r. de Bercy, 3.

Brosset, r. de Charenton, 75.

Carton, r. de Charenton, 79.

Cholet, r. de Charenton, 60.

Chopin, Port, 27.

Chopin, Port, 42.

Debray, Port, 10.

Félix, Port, 64.

Frédéric, r. de Bercy, 80.

Gelin, r. de Bercy, 108.

Lamby, r. de Charenton, 6.

Ménard, chemin de Reuilly, 6.

Pignet, r. de Charenton, 21.

Piquet (Louis), r. de Bercy, 50.

Piron, rue de Bercy, 30.

Vasselet, r. de Bercy, 38.

Veaulin, r. de Bercy, 114.

Cordiers.

Sallot, *Cordes en tous genres*, ruelle de la Brèche
  aux-Loups, 31.

Cordonniers.

André, chemin de Reuilly, 5.
Badier, r. Soulages, 22.
Banvarth, r. de Charenton, 49.
Baudin et Savit, r. de Charenton, 12.
Beau, boulevard de Bercy, 16.
Destrées, r. de Bercy, 24.
Hansen, r. de Bercy, 41.
Henrion, r. de Bercy, 26.
Jérich, r. de Charenton, 36.
Labille, r. de Bercy, 74.
Lombard, r. de Charenton, 44.
Mansuy, rue de Charenton, 18.
Marrat, r. de Bercy, 101.
Robert, rue de Bercy, 108.
Simoneau, r. de Charenton, 60.
Thomas, r. d'Orléans, 44.
Thomas, r. de Bercy, 112.
Thomas (aîné,) r. de Bercy, 95.
Vié, r. du Commerce, 4.

Corsetières.

Dubuc, r. de Bercy, 16.
Levaut, r. de Charenton, 42.

Couleurs.

Cramiech et Regnault, r. de Charenton, 133, et
à Paris, r. Saint-Jacques-la-Boucherie, 73.

Jeunesse (Ch.), r. d'Orléans, 26.

Marigny, *fabrique de couleurs broyées à l'eau et
à l'huile*, noir d'os, noir d'Allemagne, terre
d'Italie *rouge*, terre d'ombre, blanc de céruse
à l'eau et à l'huile, rouge de Prusse, terre
d'Italie *jaune*, terre de Cassel, terre de Sienne
calcinée. *Expédition et exportation.* Rue des
Marais de Reuilly, 8. (Voir aux *Vernis*.)

Courtiers-gourmets (*Piqueurs de Vins et
Eaux-de-vie près la Halle-aux-vins et les ports de
Paris.*)

Ance'in-Rouillon, à Paris, quai de Béthune, 20.

Aubertin, à Paris, r. Boutarel, 7.

Aubry (aîné), à Paris, r. Saint-Antoine, 100.

Baudry, à Ivry-sur-Seine, r. du Liégat, 20.

Bigault (aîné), à Paris, r. Boutarel, 10.

Blanchet-Griffe, à Paris, boulev. Beaumarchais, 14.

Boulat, à Paris, r. de la Cerisaie.

Burot (Isid.), à Paris, r. des Fossés-St-Bernard, 6.

Camusat, à Paris, quai des Célestins, 26.

Champion, à Bercy, Port, 1.

Chantrick, à Paris, place Beaudoyer, 2.

Corbrion, à Paris, r. de la Femme-sans-Tête, 4.

Courtin (aîné), à Paris, boulevard Beaumarchais, 75.

Courtin (Adolphe), à Paris, rue Saint-Antoine, 61.
Courtin (Charles), à Paris, faubourg St-Martin, 113.
Depaquit (✻), à Paris, boulev. Beaumarchais, 84.
Desreaux, à Bercy, Port, 64.
Duluard, à Paris, quai de Béthune, 28.
Gailleton, à Bercy, r. de Bercy, 54.
Guénebaud, à Paris, r. Descartes, 2.
Guyonnet, à Paris, boulevard Beaumarchais, 14.
Grivot (Eugène), à Paris, r. Saint-Antoine, 145.
Hemmet, à Paris, place Royale, 26.
Hollier, à Paris, r. des Fossés-Saint-Bernard, 28.
Hugé, à Bercy, r. du Commerce, 46.
Lablanche aîné, à Paris, r. des Fossés Saint-Bernard, 2.
Lablanche (jeune), à Paris, r. des Deux-Ponts, 9.
Labruyère (jeune), à Paris, boul. Beaumarchais, 32.
Lary (aîné), à Paris, place Royale, 6.
Leuret, à Paris, r. Saint-Antoine, 63.
Loreau, à Paris, r. Boutarel, 1.
Luquet, à Paris, boulevard Beaumarchais, 70.
Lyon (✻), à Paris, r. Soufflot, 3.
Malvin (Théophile), à Paris, r. des Boulangers, 17.
Margereau, à Paris, place Royale, 17.
Mathiron (✻), à Paris, r. Guy-la-Brosse, 13.
Paillard, à Paris, r. des Tournelles, 70.
Proust-Jametel, à Paris, boul. Beaumarchais, 86.
Quéruel, à Paris, quai Bourbon, 19.

Révillon, à Paris, quai des Ormes, 62.

Truchy, à Paris, r. des Fossés-Saint-Victor, 84.

Vallée, à Paris, r. Saint-Paul, 24.

Wiallet, à Paris, quai des Célestins, 16.

Courtiers (non assermentés).

Allard, r. Gallois et Port, 21.

Allion et Daveluy, Port, 12.

Bacot, Port, 28.

Belpeaume, r. de Bercy, 107.

Champagnac, r. Gallois, 1.

David, r. Gallois, 1.

Delore (B.), r. de Bercy, 78.

Duprat, Port, 27.

Gilbert, r. de Bercy, 13.

Gillain, r. de Charenton, 109.

Guérin, r. de Reuilly, 38.

Guérin, r. Gallois, 9.

Hugé, r. du Commerce, 46.

Imbert, Port, 16.

Lassaut, r. de Charenton, 74.

Laurent (Paul), Port, 67.

Lerot (Philibert), Port, 28.

Lombard, r. de Bercy, 80, et Port, 16.

Luteau, Port, 27.

Naudin (Achille), Port, 9, *Maison des Marron-niers.*

Ouvré boulevard de Bercy, 16.

Parmentier (Joseph), r. Gallois, 28.

Piat (fils), Port, 16.

Pitou, r. du Commerce, 6.

Portallier (jeune), Port, 20, et *à Paris*, r. Saint-Paul, 10.

Rollet, r. de Charenton, 69, et Port, 17.

Truguet, boulevard de Bercy, 24.

Verset, r. de Bercy, 101.

Couteliers.

Marquis, Port, 61.

Couturières.

Contant (Mme), *couturière en robes*, r. Gallois, 32.

Dudot (Mme), chemin de Reuilly, 34.

Couvreurs.

Desfontaines et Coulombiers, r. Sainte-Anne.

Guermon, r. des Marais, 20.

Guermon (Pierre), chemin de Reuilly, 14.

Levasseur, *zingueur*, r. de Bercy, 46.

Picard, chemin de Reuilly, 14.

Roblet, *entrepreneur de couvertures en tous genres, telles que zinc, plomb et tuiles.* r. de Bercy, 101.

Crémiers.

Billon, r. de Charenton, 26.

Boucher, r. de Charenton, 22.
Brochet, r. de Bercy, 88.
Chevrotte, r. de Bercy, 40.
Large, r. de Bercy, 114. (Voir aux *Fromages.*)
Ménard (F.), r. de Bercy, 9.

Déménagements.

Genou, r. de Charenton, 7.

Dérouleurs.

Dupuis et comp., *bureau des Tonneliers dérouleurs,* Port, 27.
Girard père, Bonvallot et comp., entreprise des
travaux de débarquement et chargement des
liquides et marchandises au poids. (*Ancienne
compagnie Gabriel-Vaché, des dérouleurs.*)
Port, 20, et chez Landré (P.), Port, 64.

Dessinateurs (en broderies).

Savouré, r. de Charenton, 64.
Pérati, r. de Bercy, 104.

Distillateurs.

Boy, vins, eaux-de-vie et vinaigres. *Fabrique de
liqueurs,* r. de Bercy, 36.
Jacquin, r. de Bercy, 17.
Rathier, r. Libert, 5.

Épiciers.

Barbay, r. Grange-aux-Merciers, 21.

Beaufils, Port, 64.
Bernard, r. Gallois, 30.
Bertrand, boulevard de Bercy, 36.
Bossu, r. de Bercy, 11.
Bourdon, r. de Bercy, 120.
Carmentin, r. d'Orléans, 40.
Cérisaie, r. de Charenton, 54.
Charlet-Leclerc, r. de Charenton, 7. (*Sel de soude et verre à vitre.*)
Charrier, r. Soulanges, 9.
Colson, r. de Charenton, 81.
Coutalet, boulevard de Reuilly, 14.
Didier, r. de Bercy, 20.
Eppié, r. de Bercy, 15.
Garby, r. de Charenton, 15.
Godet, (*commission*), r. Charenton, 55.
Lafont, chemin de Reuilly, 20.
Lamy, r. de Bercy, 8.
Large, Port, 67.
Lecène (Eugène), r. de Bercy, 48.
Leclerc, Port, 1.
Leduc (*marchand de faïence*), Port, 38.
Lefèvre, r. de Bercy, 4.
Mathieu-Roset, chemin de Bercy, 113.
Michon, Port, 53.
Moindrat, r. d'Orléans, 17.

Moinot (*faïence*), r. de Bercy, 74.

Morel, r. de Bercy, 54.

Naudin, (*mercerie*), r. de Charenton, 59.

Ollivier, r. de Bercy, 108.

Paul, chemin de Reuilly, 8.

Piusonneau (*ancienne maison Véron*), r. de
Bercy, 36.

Protat, Port, 26.

Roblet, r. de Bercy, 101.

Rollin, Port, 59.

Rousseau, r. de Bercy, 21.

Roux-Olivier (V. Cerceaux et osiers), r. de
Bercy, 116.

Rotony, Port, 56.

Sarazin, Port, 15.

Thériot, chemin de Reuilly, 20.

Tréton (Mme), r. de Charenton, 81.

Vast (Oct.), r. de Bercy, 109.

Vion, r. de Charenton, 32.

Établissements de Bouillon.

Grégoire, r. de Charenton, 16.

Launnin, r. de Bercy, 85.

Ferblantiers-Lampistes.

Delisle (Frédéric), r. de Bercy, 44.

Levasseur, r. de Bercy, 46.

Fers controxydés.

Paris et Schoenberg (*fabricants*), r. de Bercy, 111,
et à Paris, boulevard St-Denis, 9.

Fonte de Suifs.

Riom, r. de Charenton, 19, et à Paris, r. Co-
peau 15.

Friturier.

Richard, r. de Bercy, 10.

Fromages.

Daglin et comp., *fromages de Gruyère et de Hol-
lande*, r. Grange-aux-Merciers, 4, et à Paris,
r. Paradis (au Marais), 18.

Gaspard-Vaucheret, r. de Charenton, 72, et à
Paris, cloître St-Merry, 4.

Laborde (Vᵉ) et Piotte, *fromages en gros, sardi-
nes à l'huile, commission et exportation*, à la
Grande pinte, 80, barrière de Charenton.

Large, r. de Bercy, 114. (V. *aux Crémiers*.)

Longchamps, r. de Charenton, 75, et à Paris, r.
du Temple, 2.

Maillet-Guy et frères, *fromages de Gruyère*, de
Chovin, *en Grand-Vaux, et de la Ferté* (Jura),
r. Grange-aux-Merciers, 43. *A Grenoble, à
Lyon, à Bourg et à Alger.*

Maire, r. de Charenton, 70, et à Paris, r. St-Lan-
dry, 12.

Fruitiers.

Apcher, r. de Charenton, 9.

Alluze, r. du Commerce, 4.

Amiot (*comestibles*), r. de Bercy, 39.

Andonard, chemin de Reuilly, 4.

Bernard, r. de Charenton, 22.

Bridou (V^e), r. St-Anne.

Chevalier, boulevard de Bercy, 16.

Chevreuil, r. de Charenton, 66.

Clémencey, Port, 67.

Debay, r. de Bercy, 99.

Delamassure, r. de Charenton, 59.

Dobelle, r. de Bercy, 48. (V. *Rôtisseurs.*)

Duplessis (*comestibles*), r. de Bercy, 56.

Dupuis, r. Soulages, 22. (V. *Volailles.*)

Fillier, Port, 59.

Gagnant, r. de Charenton, 21.

Gérin, Port, 35.

Guérin, r. Gallois, 19.

Hémon, r. de Bercy, 84.

Lair, chemin de Reuilly, 10. (V. *Volailles.*)

Lœil, r. Grange-aux-Merciers, 53.

Meny (Lug.), r. de Bercy, 107.

Pacault (V^e), r. de Charenton, 75.

Paillard, r. de Charenton, 3.

Penilat, r. de Bercy, 104.

Piotte, r. de Charenton, 80. (V. *Fromages.*)
Pochet, r. de Charenton, 12.
Poncet, boulevard Charenton, 18.
Provost, r. de Bercy, 45.
Roussillon, r. de Bercy, 1.
Turbour, Port, 57.
Veck, r. de Charenton, 32.
Vincent, r. de Bercy, 4.
Vincent, r. St-Louis, 8.

Futailles (Marchands de).

Bellanger, r. Gallois, 13-17. (V. *Vins en gros.*)
Benou et Corsin, r. Soulages, 8. (V. *Vins en gros.*)
Boignier, r. de Bercy, 95. (V. *Cerceaux et osiers.*)
Chachuat, Port, 56.
Callot (Ve), Lacharme et Bourdon, r. Laroche, 2, et r. de Bercy, 72. (V. *Vins en gros.*)
Césaire, avenue des Pommiers.
Cornut, Port, 56-61.
Dubief, r. de Bercy, 30.
Gandelin, r. de Bercy, 16.
Gaucherat (*futailles en gros*) ; fait le chargement pour l'Yonne et le transport par eau, r. Léopold, 2. (V. *Vins en gros.*)

Gilbert (Théodore), r. de Bercy, 64. (V. *Vins en gros.*)

Grimault (aîné), r. d'Orléans, 40. (V. *Vins en gros.*)

Guillot-Large, r. Soulages, 5 et r. de Bercy, 101.

Guyonnet, r. Soulages, 12.

Hab, futailles de toutes jauges et de toutes espèces. *Expédition pour la province.* Achat et vente, r. Soulages, 19.

Laboureau, r. Soulages, 19.

Marie-Pette, r. Léopold, 8.

Martineau, Port, 25.

Michelon, Port, 56. (V. *Vins en gros.*)

Montebrand, cité Mazagran.

Moriceau, boulevart Bercy, 1.

Morin jeune, r. Soulages, 12.

Morin-Léger, r. Soulages, 9.

Pelletier, r. d'Orléans, 3.

Pérot, r. Gallois, 22. (V. *Vins en gros.*)

Popet, r. d'Orléans, 3.

Roumieux, Port, 50.

Thevenet, Port, 56.

Grainetiers.

Avé, r. de Charenton, 19.

Desroches, Port, 69.

Gaillard, Port, 48.

Guillier (*grains et farines*), r. Soulages, 12, et à
 Paris, r. Tiquetonne, 16.
Glandon, r. de Bercy, 88.
Lainé, r. de Bercy, 102.
Lefrançois (V^e), r. de Bercy, 32.
Mathé-Gaillard, r. de Bercy, 83.
Malbec, r. Charenton, 19.
Moreau, r. Charenton, 7.
Moussy (*jeune*), r. Charenton, 8.
Parfait-Pellot, r. Bercy, 113.
Passenaud, r. Soulages, 21.
Pommeret, r. de Bercy, 24. (V. *Herboristes*.)
Prosper (V^e), r. de Bercy, 32.
Reuiller et Vilpelle, *négociants en grains*, **Port**,
 55; et à Paris, r. Coquillière, 14.
Rivot (Jean), grains et farines, **Port**, 69.
Rivot, *grains en gros et détail*, **r. Grange-aux-**
 Merciers, 3.
Thillier (Germain), **Port**, 74.
Zaeller, r. de Charenton, 20.

Graisses à graisser.

Haentjeus (Albert), r. de Charenton, 111. (V. *Huiles et Graisses*.)

Herboristes.

Pommeret, r. de Bercy, 24. (V. *Grainetiers*.)
Rousselet, r. de Charenton, 45.

Horlogers-Bijoutiers.

Célisse (Léopold), r. de Bercy, 60.
Groz, r. de Bercy, 80.
Roche, r. de Charenton, 11-12.
Stopp, r. de Charenton, 38.

Hôtels et Maisons meublées.

Bussot (Mme), Port, 42.
Carreau-Seguin, *hôtel du Parc*, Port, 72.
Chabot, *maison meublée*, r. Grange-aux-Mer-
ciers, 31.
Denise, *maison meublée*, Port, 63.
Gardet, *chambres meublées*, r. de Charenton, 6.
Lerot, *chambres meublées*, r. de Charenton, 39.
Martin, *hôtel Mâconnais*, r. de Bercy, 74.
Pot (Clément), *hôtel de la Laire*, Port, 53.
Prochon, *chambres meublées*, Port, 54.

Houilles.

Dépôt des mines de Blangy (Saône-et-Loire) r.
d'Orléans, 16.

Huiles.

Roman (A.) et comp., Port, 20.

Huiles à Graisser.

Haentjens (*Albert*), r. de Charenton, 111. (V.
Graisses.)

Imprimeurs-Lithographes.

Grandremy fils, Port, 32. (V. *Papetiers.*)

Parmentier, r. du Commerce, 29. (V. *Papetiers.*)

Imprimeurs sur étoffes.

Communal, r. Grange-aux-Merciers, 21.

Imprimeurs en papiers peints.

Duboul, r. de Charenton, 41.

Jaugeurs du commerce.

Chasot (*fils jeune*), r. d'O léans 10.

Fallet (*jaugeur juré*), Port, 69.

Laines et Crins.

Huleau, r. de Bercy, 99.

Libraires.

Delaunois (Mme), r. de Bercy, 80. (V. *Cabinets littéraires.*)

Grandremy fils, Port, 32. (V. *Imprimeur-lithographe.*)

Limonadiers.

Baudouin, Port, 3.

Beaufumé, Port, 67. (V. *Restaurateur.*)

Bonnet, r. de Charenton, 9.

Boieldieu, *café du Midi*, r. de Bercy, 15.

Breton, Port, 21.

Brun, Port, 113. (V. *Restaurateurs.*)

Buffier (Jules), *café Lyonnais*, Port, 12.

Chanot (Ed.), r. de Bercy, 78.

Charlet, Port, 70. (V. *Restaurateurs.*)

Chrétien, *café-estaminet*, r. de Charenton, 63.

Depois, r. de Bercy, 14.

Desplaces, r. du Commerce, 79.

Dupois, r. de Charenton, 39.

Forniaux fils, r. de Bercy, 2. (V. *Restaurateurs*.)

Gomard, *café de Lyon*, r. de Charenton, 85.

Granier, *café du Commerce*, Port, 15. (V. *Restaurateurs*.)

Jullien, *café de la Terrasse*, Port, 47. (V. *Restaurateurs*.)

Million, *café du Grand Balcon*, Port, 1.

Monier, Port, 11.

Morand, r. de Bercy, 32.

Pariot, Port, 50.

Philippe, r. de Bercy, 56. (V. *Restaurateurs*.)

Renard (Eug.), Port, 58. (V. *Restaurateurs*.)

Rollet, r. de Charenton, 69.

Verrier (Philippe), *au Rocher de Cancale*, Port, 30. (V. *Restaurateurs*.)

Lingerie-Mercerie.

Balagna, r. de Bercy, 101.

Dubois (Mlles), r. de Gallois, 28 (*aux Deux Sœurs*).

Galland Mlle), r. de Bercy, 60.

Haudebaud, r. de Charenton, 69.

Missonneau (Mlle L.), r. de Charenton, 49.

Morand, r. de Bercy, 54.

Than (Stanislas), r. de Bercy, 78. (V. *Nouveau-tés.*)

Logeurs.

Alté, boulev. de Bercy, 3.

Coche, boulev. de Bercy, 4.

Henry, Port, 52.

Hugueny (B.) boulev. de Bercy, 14.

Louise (Mlle) r. d'Orléans, 3.

Maçonnerie (Entrepr. de).

Arrachard, *entrepreneur*, r. Sainte-Anne.

Laby fils, *entrepreneur*, chemin de Reuilly, 38.

Lardin, maçon, r. de Bercy, 94.

Laurent, *entrepreneur*, r. de Charenton, 76.

Plessis, *entrepreneur*, r. de Charenton, 52-54.

Vernet, *entrepreneur*, r. de Bercy, 64.

Maisons de Confection.

Cartereau, r. de Bercy, 83. (V. *Nouveautés.*)

Lemoine, r. de Bercy, 47.

Melot, r. de Charenton, 62. (V. *Nouveautés.*)

Marbriers.

Colpin, r. de Charenton, 103.

Gavet (L.), *ancien conservateur du Cimetière*, r. de Charenton, 111.

Hamon, r. de Charenton, 109.

Maréchaux-Experts.

Cavery, **r.** de Bercy, 26.
Ciorat, r. de Bercy, 22.
Demange, r. d'Orléans, 38.
Lanaut, chemin des Marais de Reuilly, 4.

Mariniers.

Denis frères, *maître mariniers,* r. Gallois, 1, et
  Port, 38.

Mécaniciens.

Faitot, atelier de construction de machines en
  tous genres; fabrique spéciale d'instruments
  aratoires perfectionnés, r. Grange-aux-Merciers, 43.

Médecins.

Beloli, *chirurgien,* r. de Bercy, 74.
Delanessant, r. du Commerce, 4.
Labourdette, boulev. de la Râpée, 2.
Morisson, place de l'Église, 3.
Vergnes, r. de Charenton, 31.

Menuisiers et Ébénistes.

Bontemps, *entrepreneur,* r. Raoul, 6.
Carré (J.-Marie), *ébéniste,* boulev. de Charenton,
  18.
Cazavois, chemin de Reuilly, 19.
Chevillé, *ébéniste,* r. de Charenton, 72.

Deligne, chemin de Reuilly, 5.
Deslandes, r. de Bercy, 47.
Duriau, chemin de Reuilly, 13.
Gérard, chemin de Reuilly, 3.
Hubert, r. Soulages, 22.
Jouvety, r. du Commerce, 48.
Lecouffe (Eug.), r. Grange-aux-Merciers, 33.
Lecouffe (Em.), r. du Commerce, 33.
Noireau, r. de Bercy, 88.
Petit, r. de Bercy, r. de Bercy, 31.
Pinard, *ébéniste*, r. de la Lancette, 19.
Remy, *ébéniste*, r. Grange-aux-Merciers, 31.
Royer, r. de Charenton, 76.
Sedaine, r. de la Lancette, 13.
Tiel, boulev. de Charenton, 18.

Modes.

Cortin (Mlles), r. de Bercy, 82.
Savouré, r. de Charenton, 64. (V. *Dessinateurs*.)

Moutarde (Fabricant de).

Maillard, r. de Charenton, 80.

Noir animal.

Amelin *et Comp*., r. de Charenton, 131. (V. *Vernis*.)
Hervé frères, colle-forte, gélatine, huile de pieds
de bœuf et carton, boulev. de Charenton, 125
et 127. (M. H., 1849.)

Nourrisseurs.

Adry, r. de Charenton, 11.

Coqueret, r. de Reuilly, 19.

Diot, r. Sainte-Anne.

Guérin, chemin de Reuilly, 26.

Labey, chemin de Reuilly, 24.

Leblanc, boulevard de Charenton, 20.

Lemire, r. de Bercy, 101.

Mertz, r.d'Orléans. 24.

Montaudoin, r. de l'Yonne, 9.

Morel, boulevard de Charenton, 20.

Motteau, r. de Charenton, 80.

Vacher, r. de Bercy, 52.

Nouveautés.

Cartereau, r. de Bercy, 83. (V. *Maisons de confection.*)

Dubédos, r. de Bercy, 11.

Mélot, r. de Charenton, 62. (V. *Toiles.*)

Than (Stanislas), r. de Bercy, 78. (V. *Toiles.*)

Papetiers.

Delaunois (Mme), r. de Bercy, 80. (V. *Librairie.*)

Grandremy, Port, 32. (V. *Librairie.*)

Parmentier, r. du Commerce, 29. (V. *Imprimeurs-lithographes.*)

Papiers peints.

Beurteaux, *fabricant de bois de chêne,* r. Grange-aux-Merciers, 43.

Laborde aîné, r. de Charenton, 15.

Parapluies (Marchands de).

Mallet, r. de Charenton, 24.

Pâtissiers.

Asselin, r. de Bercy, 40.

Duhamel (Edm.), r. de Charenton, 49.

Favereux, r. du Commerce, 4.

Pavage.

Marchadier, *entrepreneur*, r. de Charenton, 54.

Peintres-Vitriers.

Destrées, r. du Commerce, 48.

Fromentin, r. de Charenton, 76.

Gauthier, r. Gallois, 17.

Gérard, r. de Bercy, 38.

Jeunesse, r. d'Orléans, 26.

Peintres en Voitures.

Hagais, r. de Charenton, 7.

Pensionnats de Jeunes Gens.

Delagarde, r. de Bercy, 88.

Gourleau, r. Soulages, 13.

Guillot, r. Sainte-Anne, 5.

Passelaigues, *breveté de l'Académie de Paris, et reçu à l'École normale (brevet de premier ordre)*, externat ; classe le soir pour les grandes personnes ; tenue des livres et dessin en tous genres, r. de Bercy, 55.

6

Tastan, externat, r. de Charenton, 35.

Pensionnats de Demoiselles.

Aulanier (Mme), r. de Charenton, 35.
Baron et Legrand (Mlles), et *externat,* rue de Bercy, 86.
Fréau (V^e), et *externat,* r. Gallois, 16.
Levino (Mme), *externat,* r. Soulages, 13.
Léger (Mlle), *externat,* r. de Bercy, 68.
Lerouge (Mme), *externat,* r. de Charenton, 68.

Pharmaciens.

Célières, r. de Bercy, 13.
Lecouppey (H.), r. de Charenton, 31.

Plombiers.

Buisson, r. de Bercy, 107.
Castillon (Mme), *née Fournier,* r. de Bercy, 11.
Danré, *entrepreneur,* r. de Charenton, 31.

Poêliers-Fumistes.

Carmine, *breveté,* construction de calorifères et fourneaux économiques, *brevetés, s. g. d. g.;* fourneaux munis d'un appareil de tourne-broches, fourneaux garnis d'un appareil de ventilation. Rue de Bercy, 79.
Fuccio, r. d'Orléans, 9.

Porcelaines et Cristaux.

Huart, r. de Charenton, 46.

Produits chimiques.

Dubrinfourt, r. Brèche-aux-Loups, 10.
Paullantriu, *eaux de Javelle,* r. de Charenton, 27.

Quincailliers,

Castray, r. de Bercy, 85.
Lebesgue, Port, 20.

Réglure-mécanique.

Drouard (Isidore), Grange-aux-Merciers, 51.
Drouard (Ant.-Isid.), r. Grange-aux-Merciers, 51.
Drouard (Alf.-Jules), rue Grange-aux-Merciers, 51.

Relieurs-Doreurs.

Grandremy, Port, 32.

Restaurateurs.

Beaufumé, Port, 67.
Bidot, *Au Petit-Bercy,* r. Laroche, 7.
Boignard (Vᵉ), *Restaurant du Sapeur,* Port, 34.
Brun, r. de Bercy, 113.
Charlet, Port, 70.
Denise, Port, 68.
Depois, r. de Bercy, 14.
Fournieax fils, r. de Bercy, 2.
Grancier, *Restaurant du Commerce,* Port, 15.
Jullien, *A la Terrasse,* Port, 47.
Legrand, *Restaurant du Cercle,* Port, 24.
Marius, *Aux Peupliers,* Port, 4.
Petit (A), *Aux Marronniers,* Port, 9.

Philippe, r. de Bercy, 56. (V. *Marchands de Vins.*)
Renard (Eug.), Port, 58.
Robinet, r. de Charenton, 2.
Verrier (Ph.), *Au Rocher de Cancale*, Port, 30.

Rôtisseur.

Dobelle, r. de Bercy, 48. (V. *Fruitiers.*)

Rouenneries.

Buis (Mme), *tissus*, rue de Charenton, 69.
Giguel, r. de Charenton, 40.

Roulages.

Boisard, transport par eau et par chemin de fer, boul. de la Râpée, 2. (V. *Transport par eau.*)

Brunet (Léon), transport par eau et par terre pour le Nivernais, le *Bourbonnais et toutes les villes du centre*, Grange-aux-Merciers, 7. (V. *Transport par eau.*)

Cazenave et comp., entrepôt, transit et commission, boul. de Bercy, 54.

Chicandet (A. et E.), entrepôt et transit, *écuries pour 50 chevaux*, r. de Bercy, 28.

Derbétant (aîné), transit et entrepôt, correspondance avec tous les chemins de fer, *camionage pour Paris et les environs*, boul. de Charenton, 6.

Guy, *commissionnaire*, r. de Charenton, 4.

Legrand et Barluet, *transport des sucres en cadre*, boul. de Bercy, 18.

Néladon père, fils *et gendre*, r. et barrière de Charenton, 4.

Signac, entrepôt de camionage *des chemins de fer de Paris à Lyon et Troyes*, service pour Paris, la banlieue et les *environs de Paris*, ainsi que pour tous les chemins de fer, à la gare des marchandises et place de la Gare, 3, à Bercy.

Ternière neveu (✻), succursale de la maison principale, située à Paris, r. du Grand-Chantier, 1, boul. de Bercy, 44.

Vincent-Carlier, transit et entrepôt, *écuries pour 80 chevaux*, service de camionage pour Paris et la banlieue, transport par voies de terre et chemins de fer, r. de Bercy, 20 et 22.

Sages-femmes.

Ducoq, r. de Bercy, 114.

Hardy, r. de Bercy, 79.

Legret, r. de Charenton, 10.

Sangsues (Marchand de).

Lemercier, r. de Charenton, 42.

Serruriers.

Beugnot, chemin de Reuilly, 26.

Bonnamy, r. de Bercy, 40.

6.

Laplace, r. de Charenton, 16.
Lemaire, r. de Bercy, 95.
Mastracher fils, cité Mazagran, 1.
Ponthieu (A.), r. de Bercy, 98.
Tranchard, r. de Bercy, 9.

Tapis (Fabricant de).

Mérard, r. de Charenton, 101.

Tabacs (Débits des).

Campette, boul. de Reuilly, 4.
Champagnac (Mme), r. de Bercy, 12.
Chanot (Éd.), r. de Bercy, 78.
Charmy, Port, 14.
Colom, r. de Charenton, 69.
Coudreau, r. de Charenton, 10.
Didier, r. de Bercy, 20.
Mathieu-Roset, r. de Bercy, 113.
Ménard (A.), Port, 60.
Protat, Port, 26.
Verseau, chemin de Reuilly, 5.
Viollet, r. de Charenton, 51.

Tailllandiers.

Lebesgue, Port, 20.
Lebesgue, r. de Bercy, 32.
Robineau, r. de Bercy, 42.
Toulot, r. de Bercy, 28, *dépôt*, Port, 14.

Tailleurs.

Bellard, r. de Bercy, 58.

Bourrat, r. Gallois, 17.

Choin, Port, 39.

Dehay, r. de Charenton, 53.

Dubois, r. de Bercy, 20.

Peret, r. de Bercy, 36.

Straub, r. du Commerce, 37.

Tapissiers.

Hervy, r. Grange-aux-Merciers, 31.

Tanneurs-Corroyeurs.

Fortier-Beaulieu, r. de la Lancette, 7, et r. de
de Charenton, 33. (*Médaille d'argent en* 1849.)

Teinturiers.

Boulongnes, r. de Charenton, 41.

Guérin (Mme), Grange-aux-Merciers, 31, et barrière du Roule, grand'route de Neuilly, 63.

Henry, r. de Bercy, 64.

Simonin, r. de Charenton, 20.

Tisserands.

Fontaine (Ch.), r. de Bercy, 116.

Mehl, r. de Charenton, 70.

Toiles.

Basson (C.), indiennes et lainages, r. de Charenton, 49.

Mélot (V. *Nouveautés*), r. de Charenton, 62.

Toiles cirées (Fabricants de).

Binet, toiles imperméables, r. Soulages, 14.
Bonjour (✳), r. du Marais de Reuilly, 14, et à Paris, r. du Rocher, 4.

Tonneliers.

Cingal jeune. r. de Bercy, 11, et r. de Bourgogne, 16.
Cinguin, r. de Bercy, 34.
Delaporte, r. de Charenton, 73.
Dubief, r. de Bercy, 30.
Dubos, r. Léopold, 6.
Gatey, r. Grange-aux-Merciers, 11.
Lallemant (Edme), r. Soulages, 16.
Pelletier, r. d'Orléans, 3.
Raison, Grange-aux-Merciers, 21.
Raison fils, r. de Charenton, 57.
Ravinet, fabricant de brocs, cuves rondes et carrées et de tous objets de tonnelerie, de dimension extraordinaire ou d'exécution difficile, Port, 50.
Simonin, r. de Bercy, 34.
Vincent, r. Saint-Louis, 8.

Tourneurs.

Beighau, tourneur en chaises, r. de Charenton, 29.

Hangenmuller, r. du Commerce, 37.

Muller, boul. Picpus, 46.

Transports par eau.

Bazou fils et gendre, se chargent du transport des marchandises pour tous pays, départ d'*Auxerre, Cravent* et route pour *Paris,* tous les *lundis* et *jeudis;* maison à Auxerre, quai Bourbon, 9, et Port, 22, à Bercy.

Brunet (Léon), r. Grange-aux-Merciers, 7, et Port, 70. (V. *aux Roulages.*)

Callot fils, maître marinier, Port, 12, et à *Auxerre.*

Denis frères, Port, 38, et à Briénon-l'Archevêque (*Yonne*).

Dolléans (Henri), Port, 3 (départs tous les 15 de chaque mois pour Roanne).

Entreprise des cochers, Port, 45, et à Paris, r. Bretonvilliers, 1.

Favre fils aîné et Comp., Port, 47.

Jossier et Thibault, transport par eau pour *l'Alsace et pour le midi de la France,* Port, 28; maison à *Appoigny* (Yonne).

Marteau père et fils, agents des transports maritimes du *Havre* à *Paris,* Port, 32. (V. *Vins et Eaux-de-Vie.*)

Meunier frères, négociants en vins. (V. *Vins et*

Eaux-de-Vie.) Entrepôt et transport par eau *du nord pour tout le midi et l'est de la France,* Port, 52; r. Soulages, 1; maison à *Crèches, près Mâcon* (Saône-et-Loire); représentés à *Lyon,* par *M. Collier,* r. Buisson, 13; à *Châlons,* par *Forel-Genet,* port Saint-Cosme.

Sabé (Arthur), Port, 33.

Tauzin (Charles). (V. aux *Agences.*)

Tripiers.

Destrées, r. de Bercy, 32.

Destrées, r. de Charenton, 45.

Tuiles et Ardoises.

Fouinat, tuiles, briques, ardoises, carreaux de Bourgogne et du pays, lattes, voliges, bardeaux et poteries, Port, 13-61.

Louvrier, briques et carreaux de Bourgogne, Port, 46.

Vanniers.

Huart, r. de Charenton, 46.

Prunier, r. Sainte-Anne, 8.

Saillant, r. de Charenton, 44.

Valentin-Lecoz, r. de Bercy, 22.

Vernis.

Ameline et comp., route de Charenton, 131. (V. *Noir animal.*)

Marigny, r. des Marais de Reuilly, 8. (V. *Couleurs.*)

Vétérinaire.

Reverdy, r. de Bercy, 32.

Vinaigriers.

Duhamel (Adrien), r. de Bercy, 34.

Vins et Eaux-de-Vie (*négociants en*).

Allain (Gabriel) (*N. C.*), *vins, eaux-de-vie et vinaigres,* Port, 22.

Alais (commissionnaire), Port, 39.

Allais (*commissionnaire*), Port, 39.

Allion et Daveluy (*courtiers*), Port, 12.

Andrieux, Port, 27.

Astier et Comp., commissionnaires, *vins, eaux-de-vie, vinaigres,* boulev. de la Râpée, 1.

Aubert, Port, 27.

Aumoitte, *vins et aux-de-vie,* r. Gallois, 1.

Babou, r. de Bercy, 94.

Bachelard, chemin de Reuilly, 38.

Bailleux, Port, 77.

Bailly, Port, 42.

Barilliet, *vins et vinaigres,* r. de Bercy, 15.

Barratin (Ph.), r. de Charenton, 79.

Barry-Cochois, r. de Bercy, 40.

Barthelet, r. Gallois, 16.

Bastard, r. de Bercy, 94.

Baudot (*successeur de Pigaut et Journet*), r. de
Bercy, 38.

Baudouin (régisseur-gérant de la maison Allégri);
entrepôt des vins et eaux-de vie, Port, 50.

Bauny (François), r. Soulages, 23.

Bauny neveu, r. Gallois, 11.

Beauny (Victor), r. Mâcon, 4.

Beau (Ch.), boulev. de la Râpée, 1.

Beau frères, Port, 24, et r. Mâcon, 7.

Beau (Louis). Port, 5.

Bellanger, r. Gallois, 17. (V. *Futailles.*)

Bellicard (Ant.) et Cavelier, *vins et eaux-de-vie,*
r. de Bercy, 70.

Benoist, r. Soulages, 19.

Benou et Corsin, *vins et futailles,* r. Soulages, 8.

Bernard, r. de Bercy, 2.

Bernard, r. de Bercy, 54.

Berthaut, r. de Bercy, 40.

Berthélot (Célestin), r. Gallois, 11.

Bertrand, *vins et eaux-de-vie,* r. Mâcon, 2.

Bertrand et Michaud, r. Gallois, 1.

Blanc frères, de *Denicé* (Rhône), Port, 31.

Blondeau, boulev. de la Râpée, 4. (*Maison Canonge.*)

Boigner, r. de Bercy, 95. (V. *Futailles.*)

Bonnerue, Port, 64-67.

Bonnet-Grand, boulev. de Bercy, 20.

Bonnet (Hippolyte), r. de Bercy, 13.

Bonnevay, r. de Bercy, 8.

Bonvalot, r. de Charenton, 19.

Boulet, Port, 44.

Bour, commissionnaire, r. de Bercy, 13-54.

Bourgeois, r. Soulages, 22.

Brandicourt et Corbillon, commissionnaires, boulevard de la Râpée, 4-8, et Port, 1.

Brigaud (N.), r. de Charenton, 87.

Buquet, r. de Bercy, 19.

Callaut aîné, propriétaire, à Montrichard (Loir-et-Cher), vins de la Loire et autres, Port, 8.

Callot et Aubert, vins, eaux-de-vie, vinaigres et huiles d'olives, port, 32.

Callot (Vᵉ), Lacharme et Bourdon, r. Laroche, 2. (V. *Futailles*.)

Canal, régisseur-gérant de l'Entrepôt Mâconnais, Port, 67.

Canonge (*N. C.*), boulev. de la Râpée, 4-10.

Carré (Charles), eaux-de-vie, Port, 8.

Catolo, r. des Marais de Reuilly, 42.

Cerisay, r. de Charenton, 50.

Chambard (*N. C.*), vins, eaux-de-vie et vinaigres, r. Mâcon, 2, et Port, 25.

Champagnac, r. de Bercy, 12.

7

Chappe, entrepôt ; maison r. Gallois, 23 ; domicile, r. de Charenton, 54-60.

Charlet, Port, 70.
Charnay, boulev. de la Râpée, 12.
Charpentier, Port, 6.
Charvet, r. Gallois, et Port, 71.
Chastagnier, vins, eaux-de-vie, boulev. de la Râpée, 34.

Chatelain, Port, 32.
Chauchy, r. de Bercy, 8.
Chaudron, r. de Bercy, 33.
Chesneau, commissionnaire, Port, 33.
Cochois, r. de Bercy, 40.
Courtin fils, vins et vinaigres, Port, 14.
Courtin, vins et vinaigres, r. de Bercy, 74.
Courvoisier (✻) (*N. G.*) et comp., eaux-de-vie et esprits, *à Jarnac,* et Port, 31.

Coutant neveu, commissionnaire, Port 64.
Crotte propriétaire, *à la Chapelle de Guinchay, près Mâcon,* et r. de Bercy, 100.

Crépier (gérant et principal locataire de l'entrepôt Challier), *vins et eaux-de-vie,* Port, 49.

Crépu-Genty (*de Mâcon*), Port, 69.
Cuvelier, r. de Bercy, 94.
Damon, r. de Charenton, 105.

Dauzlinger et Gallez, Port, 22, et à Paris, boulev. Bourdon, 15.

Dauvissat (L.), de Milly, près Chablis (Yonne), commissionnaire, Port, 32.

Daveluy, Port, 5.

David, Port, 10.

Debouville (gérant de l'entrepôt Abel Laurent), Port, 47.

Decombe-Cotard, Port, 59.

Defer et Lemaigre, Port, 32.

Delaleu (Ch.) (*N. C.*), Chervet et comp., commissionnaires-entrepositaires, *vins, eaux-de-vie et vinaigres,* r. Grange-aux-Merciers, 4, et Port, 71.

Delaplace, Lambre et comp., *vins, eaux-de-vie et vinaigres* r. de Bercy, 18.

Delore, vins et vinaigres, boulev. de Bercy, 20.

Delore jeune, r. de Bercy, 85.

Demagnez, Port, 67.

Demont (Alphonse), r. d'Orléans, 7.

Deparais, r. Grange-aux-Merciers, 9.

Depardon jeune, r. d'Orléans, 40.

Deschamps, r. Charenton, 25.

Desgranges frères, r. de Bercy, 36.

Dignes, r. Gallois, 19.

Dolléans (L. Henri), commissionnaire, Port, 3.

Domboy père, de Mâcon), *vins et eaux-de-vie*, r. Grange-aux-Merciers, 25.

Douzeau, Port, 81.

Drouault neveu, commissionnaire, Port, 5.

Duchaussoy frères, commissionnaires, Port, 8.

Duchesne, Port, 32, et r. Charenton, 80.

Ducroux et comp., *vins, eaux-de-vie, kirch, rhum et absinthe*, r. d'Orléans, 42.

Ducruix, r. de Bercy, 13.

Dufour frères, r. Grange-aux-Merciers, 20,

Duhamel, vins et vinaigres, r. Sainte-Anne, 9.

Dupont, r. de Bercy, 100.

Durnerin (Paul), r. de Bercy, 78.

Durand, boulev. de la Râpée, 4-10 (*maison Canonge*).

Duthé, r. Gallois, 1er.

Ferrant, r. de Bercy, 3.

Ferret (Jean), r. de Bercy, 92.

Ferret neveu, *vins et eaux-de-vie*, r. d'Orléans, 17 ; maison à Charnay, près Macon.

Finet, ancien négociant, Port, 7.

Finet-Mathelin, commissionnaire, *vins et eaux-de-vie*, Port, 16, et r. de Soulages, 11.

Fleurot (*N. C.*), commissionnaire, *au Petit-Château*, r. de Bercy, 72.

Fortin et Pouët, Port, 47.

Fouilloux (gérant de l'entrepôt Cabanis), Port, 58.

Gallez (Louis), r. Gallois, 32.

Gallot, r. Gallois, 32.

Gallotte, r. de Bourgogne, 1.

Garby, Lelogeais et comp., *vins et eaux-de-vie,* r. de Bercy, 40.

Garby, r. de Bercy, 38.

Geoffroy, r. de Bercy, 84.

Gilbert jeune (Théodore), commissionnaire, r. de Bercy, 64. (V. *Futailles.*)

Gilbert aîné, *vins et vinaigre,* r. de Bercy, 8.

Gireaux et Marais, commissionnaire, Port, 32.

Godeaux frères, commissionnaires, *vins, eaux-de-vie et vinaigres,* Port, 2.

Gorichon, r. de Bercy, 80.

Goudonneau, barrière de Reuilly, 22.

Grand (Hipp.) et gendre, *vins, eaux-de-vie et vinaigres,* boul. de la Râpée, 8, et r. de Bercy, 11.

Granger (Théodore), Port, 10.

Grillot, *vins, eaux-de-vie et vinaigres,* r. Soulages, 9-17.

Grimault (aîné) (V. *futailles.*), r. d'Orléans, 40.

Grimault (propriétaire), *vins et vinaigres,* r. de la Gare, 1-3.

Griveau, *commissionnaire,* r. Sainte-Anne, 5.

Guérin, r. Gallois, 9.

Guillon (L.), *vins et eaux-de-vie*, r. de Bercy, 50-96.

Guillon fils, Port, 48.

Guiot, Port, 6.

Guyard (commissionnaire), *vins et eaux-de-vie*, Port, 46.

Guy, *vins, eaux-de-vie, absinthe, kirch, vermout*, r. de Bercy, 66.

Hab (V. *futailles*.), r. Soulages, 19.

Havy, r. Soulages, 17, et Port, 14.

Herbeaux (Auguste) et Rayon (commissionnaires), *vins et eaux-de-vie*, Port, 22.

Hilaire-Chapenoire, *commissionnaire*, Port, 14.

Hugot (F.) (commissionnaire), *vins et eaux-de-vie* (maison d'entrepôt et de commission), r. de Bercy, 11, et boul. de Bercy, 18.

Huot, Port, 1-2.

Hureaux, Gallois, 28.

Jaillet, Port, 10.

Jamault-Martin, Port, 14.

Jault, boul. de la Râpée, 12.

Jaunet (aîné), Port, 5, et r. de Bercy, 88.

Jaumat, *vins et eaux-de-vie*, Port, 61.

Jouault, boul. de la Râpée, 1.

Lafond fils (jeune), Port, 39, et r. Mâcon, 44.

Lafond (Vᵉ), Port, 27.

Lalande, *commissionnaire*, Port, 58.

Lamain, Port, 47.

Lambre et Bonnet, *vins et eaux-de-vie*, boul, de la Râpée, 5.

Lamule (Edouin), Port, 32.

Laneyrie fils, *vins et eaux-de-vie* (maison à Crèches, près Mâcon), Port, 47.

Lange, Grange-aux-Merciers, 9.

Lapute, r. d'Orléans, 2.

Large, r. Gallois, 11.

Lavenne et Signol (commissionnaires), *vins et eaux-de-vie*, r. de Macon, 1.

Laveur (aîné) et Duchamps fils, r. de Charenton, 25.

Lebreton (commissionnaire), *vins et eaux-de-vie*, Port, 5-6.

Lecène et Gilbert, *commissionnaires*, **r. de** Bercy, 13.

Lecomte, r. de Charenton, 55.

Lefébure, Port, 1.

Lefebvre (Z.), *vins et eaux-de-vie*, avenue du Petit-Bercy, et r. Saint-Louis, 2.

Léger, r. Soulages, 1.

Lelogeais-Griffe, r. de Bercy. 49.

Lemaigre, Port, 9.

Lemonnier, Port, 64.

Leroy-Dupré (V^e), *entrepositaire*, r. de Bercy, 12.

Ligeron aîné (*N. C*), *vins, eaux-de-vie, vinaigres et huiles d'olives*, Port, 58.

Ligneau, Port, 39.

Magny (maison recommandée), *vins de Mâcon et autres de qualité supérieure*, r. de Charenton, 48.

Malpertut (B.), r. d'Orléans, 36.

Marais, Port, 32.

Marceau (Baptiste), r. de Bercy, 107, et Port, 3.

Marceau père, r. de Bercy, 107, et Port, 3.

Marteau (père et fils) (*vins, vinaigres et spiritueux*), (V. *Ciment romain* et *Transports par eau*), Port, 32.

Mathieu, Port, 71.

Menant, Port, 20.

Meunier, r. d'Orléans, 10.

Meunier frères (négociants en vins). (V. *Transports par eau*), r. Soulages, 2.

Michel (Auguste), *vins, eaux-de-vie, vinaigre, dépôt de vermout de Turin et absinthe de Pontarlier*, boul. de la Râpée, 12-24.

Michelon (V. *futailles*), Port, 56.

Mignot (J.-B.), *commissionnaire*, Port, 15.

Monmain, r. Laroche, 3.

Morisseau (Joseph) et Pouvreau (L.), *commissionnaires*, boulev. de Bercy, 1.

Norgelet, r. de Bercy, 100.

Pacquet (frères), r. d'Orléans, 40.

Pallenat, vins, *vins, eaux-de-vie et vinaigres*,
r. des Carrières de Charenton, 30.

Paquier frères (de Romanèches), *propriétaires
de vignobles et négociants en vins et eaux-de-
vie*, r. de Bercy, 107 (maison à Romanèches).

Pardon (J.-M.), r. Soulages, 22.

Parenteau, r. Gallois, 28.

Pacros et Moyer, r. de Bercy, 56.

Parmenjat (V^e) (d'Auxerre), *commissionnaire*,
Port, 27.

Pellou (D.) fils, Chamonard, Caucurte et Comp.,
vins, eaux-de-vie et vinaigres, Port, 41, et r.
de Bercy, 72.

Pelletier, r. de Bercy, 84.

Perdereau, Port, 41.

Perdrier, Port, 3.

Perdrion-Ravenau, *commissionnaire*, r. du Commerce, 4.

Perreau-Paterne, boulev. de Bercy, 36.

Perrault ou *Pérot*, r. Gallois, 22.

Pichon, r. de Mâcon, 6.

Picou (jeune) et Mouillé, Port, 66.

7.

Pomarède et Lefèvre.

Porcher (J.-B.), *vins et eaux-de-vie*, r. Laroche, 3.

Porte, boulev. de la Râpée, 4.

Portier-Desvignes (*N. C.*), et Camuset, *vins de Mâcon, vins de Bordeaux et vinaigres*, r. de Bercy, 103.

Portier (Louis), r. de Charenton, 67.

Portier, Legendre et fils, r. de Charenton, 58.

Portier neveu, r. de Charenton, 105.

Poitrasson, *vins et eaux-de-vie*, Port, 59.

Proust (L.), *commissionnaire*, Port, 43.

Révillon, *commissionnaire*, avenue du Château, 3.

Rizaucourt (J.), r. de Bercy, 84.

Rosey (jeune), Port, 53.

Rouet, r. de Gallois, 17.

Rousseau (fils aîné), Port, 28.

Roux (Pierre), r. de Bercy, 72.

Roux (Guillaume), r. de Bercy, 72.

Roux, r. Laroche, 4.

Sabatier (Vᵉ), r. de Gallois, 14.

Schilt, r. de Bercy, 80.

Saurey (Auguste), boulev. de la Râpée, 1.

Saunier (Auguste), r. de Bercy, 80.

Saunier (Édouard), r. de Bercy, 80.

Saunier (Stanislas-Ernest), r. de Bercy, 80.

Ségaux (Victor) (*N. C.*) (commissionnaire), *vins et eaux-de-vie*, r. de Charenton, 65.

Senaillet, *propriétaire, récoltant à Charnay-lès-Mâcon* (cour du petit Château), Port, 43, et r. de Bercy, 72.

Sermet, r. de Bercy, et Port, 3.

Sevin, r. Grange-aux-Merciers, 45.

Signol, Port, 26.

Soulages (Camille), *propriétaire*, r. Soulages, 5.

Souchet, r. d'Orléans, 37.

Sourd, r. de Bercy, 38.

Sourd (Jean), r. de Charenton, 60.

Solizon, *vins et eaux-de-vie*, r. Grange-aux-Merciers, 13.

Subé, Port, 28.

Tassin, r. de Gallois, 20.

Teissonnière (Paul), Guyot (Charles) et comp. (successeurs de P. Lefebure), *commissionnaires en vins, eaux-de-vie, vinaigres et huiles d'olive* (ancienne maison François Cabanis), boulev. de la Râpée, 10.

Thevenin, r. de Gallois, 17.

Thomas (Isidore), boulev. de la Râpée, 4 *(maison Canonge).*

Tiel, r. de Gallois, 19.

Tondu, avenue du Château, 5.

Truchon (Henri), Truchon (Claude), Truchon (V^e), *vins et eaux-de-vie*, r. de Bercy, 78-80 ; raison sociale, *Ve Truchon et fils.*

Truelle frères, et comp., r. de Bercy, 64.
Vaillat et Portes, *vins et eaux-de-vie, vinaigres,* boulev. de la Râpée, 18.
Vallat (Cyrille), r. de Mâcon, 13.
Valla (Gabrielle), r. du Commerce, 39.
Vataire-Vinot, *vins et eaux-de-vie,* Port, 8.
Védrine, r. Grange-aux-Merciers, 21.
Vène (Paul) et Comp., r. de Bercy, 122.
Warcollier (Auguste), *liqueurs françaises et étrangères,* r. de Bercy, 19.

Vins-Traiteurs (Marchands de).

Alphonse, boulev. de Bercy, 48.
André, Port, 29.
Anquetil (Louis), Port, 1.
Armand-Hérault, boulev. de Bercy, 16.
Badard, *logeur,* r. de Charenton, 95.
Bardoux (Mme), Port, 42.
Barthélemy, boulev. de Reuilly, 12, au 1er.
Berthélemy, *aubergiste,* r. de Charenton, 78.
Bonnard, r. de Charenton, 68.
Bonnet, r. de Charenton, 9.
Bonvalot, r. d'Orléans, 10.
Bouet, *logeur,* r. de Charenton, 97.
Bourdillat, boulev. de Bercy, 12.
Bourreux, r. Sainte-Anne.
Bourdon, r. de Bercy, 120.

Boyeldieu, r. de Bercy, 15.
Brocard, r. d'Orléans, 38.
Brun, r. de Bercy, 113.
Burlat, Port, 22.

Carré, *logeur*, r. de Charenton, 103.
Carré, r. du Chemin de Reuilly, 6.
Carreau-Séguin, Port, 72.
Châles, r. de Bercy, 28.
Chantriau (B.), port de Bercy, 39.
Charpentier, r. du Chemin de la Croix-Rouge, 21.
Chauvrière, boulev. de Charenton, 18.
Chevalier-Cape, *logeur*, r. Grange-aux-Merciers, 5.
Chévrier, r. de Charenton, 30.
Chrétien, r. de Charenton, 50.
Clément, r. de Charenton, 3.
Clerc, *logeur*, r. de Charenton, 61.
Collon, r. du Commerce, 37.
Crèps, r. de Bercy, 46.
Couverchel, r. de Charenton, 24.

Daubert, r. du Chemin de Reuilly, 14.
Daubert (L.), r. du Chemin de Reuilly, 13.
Decher, *logeur*, r. de Charenton, 123.
Desbos, *logeur*, r. de Charenton, 99.
Delore (A.), r. de Bercy, 83.
Denise, port de Bercy, 63.
Denizot, *logeur*, r. de Bercy, 22.

Depay, r. de Bercy, 101.
Deschamps *logeur*, Port, 73.
Descottes, r. de Bercy, 44.
Ducret, r. du Chemin de Reuilly, 10.
Ducrouix (Léon), boulev. de la Râpée, 26.
Dumas, r. Brèche-aux-Loups, 6.

Favrel, r. de Charenton, 32.
Farjot, r. de Bercy, 114.
Fauffé, r. de Bercy, 88.
Fauvel, Port, 69.
Filliol, boulev. de Bercy, 32.
Finet, boulev. de Bercy, 33.
Foffé, r. Soulages, 17.

Gandelin, r. de Bercy, 16.
Garby aîné, r. de Charenton, 80.
Garçonnat, r. du Chemin de Reuilly, 53.
Gardet, r. de Charenton, 6.
Gautran, r. de Charenton, 20.
Gavinet (Joseph), boul. de Charenton, 14.
Gay, Port, 45.
Genou, r. de Charenton, 7.
Gérard, r. de Bercy, 120.
Germain, r. de Bercy, 6.
Gillet, Port, 1 *bis*.
Godreau, *dit Lamy*, r. de Bercy, 21.
Goujet, r. de Reuilly, 12.

Goujet, Port, 6.
Gourbon aîné, r. de Charenton, 43.
Grosbon, r. de Bercy, 11.
Guénin (V^e), r. de Reuilly, 8.
Guiot, Port, 6.

Herby, boul. de Bercy, 52.
Hubert, r. du Chemin de Reuilly, 11.
Hue, r. du Commerce, 38.

Jamault, r. de Bercy, 3.
James (Eugène), r. du Chemin de Reuilly, 2.
Jardin, r. de Bercy, 50.
Jaunnain (V^e), r. Sainte-Anne, 1.
Jeannin, r. de Bercy, 10.
Joullot, r. de Bercy, 1.

Lacharme, r. du Chemin de Reuilly, 17.
Landré (P.), Port, 64.
Laurent, boul. de Bercy, 32.
Leblond (V^e), r. de Bercy, 32.
Leclaire, r. de Charenton, 70.
Leclerc, r. de Charenton, 101.
Lecointre, Port, 10.
Lejeune, r. de Charenton, 77.
Lejeune. r. Libert, 5.
Leroy, Port, 18.
Lombard, r. de Bercy, 118.
Lombard, r. du Commerce, 46.

Malassis (A.), r. de Bercy, 80.
Mantoux, Port, 50.
Marceau (Baptiste), r. de Bercy, 107.
Marion, boulev. de Reuilly, 6.
Marland, r. de Charenton, 149.
Martin, r. de Bercy, 74.
Martin, boulev. de Bercy, 18.
Mayelin (Ve), r. de Charenton, 47.
Ménard (H.), r. de Bercy, 94.
Ménard, Port, 60.
Millot, boulev. de Bercy, 42.
Morel, boulev. de Bercy, 14.
Morelé-Poigné, Port, 74.
Mussot, boulev. de la Râpée, 26.
Mussot, r. de Charenton, 4.

Neyeu (L.), r. du Chemin de Reuilly, 3.

Pallier, boulev. de Reuilly, 28.
Pâris, r. du Commerce, 27.
Pasquier, r. Gallois, 19.
Pécaty, Port, 57.
Pigéat, r. de Bercy, 1.
Philippe, r. de Bercy, 56. (V. *Limonadiers*.)
Pot-Clément, Port, 53. (V. *Hôtels*.)
Prochon, Port, 54-59.
Prot, r. de Bercy, 6.
Rafanel, boulev. de Reuilly, 10.

Revenaz (Alex.), r. de Charenton, 21.
Ridois (François), Port, 65.
Robert (J.-J.), r. de Bercy, 36.
Robinet (C.), boulev. de Bercy, 56.
Rontard, boulev. de Bercy, 12.
Rousseau, r. de Charenton, 80.
Roussin, Port, 61.
Saillet, r. de Soulages, 11.
Sarrazin (J.-L.-Victor), r. du Chemin de Reuilly, 1.
Scanzio, r. de la Lancette, 18.
Sisson, Port, 35.
Thomas, r. du Commerce, 43.
Tondu, r. de Rercy, 106.
Vanne, r. Libert, 3.
Védrine, Grange-aux-Merciers, 5.
Vérel (Eugène), r. de Bercy, 100 et 102.
Vincent, Port, 56.
Vincent (Ve), r. d'Orléans, 42.

Volailles.

Dupuis, r. Soulages, 2. (V. *Fruitiers.*)
Lair, r. du Chemin de Reuilly, 10. (V. *Fruitiers.*)
Papillon, r. Libert, 7.

Voilier.

Binet, r. de Soulages, 4. (V. *Toiles cirées.*)

Voituriers.

Baledeut, r. Laroche, 9.

Barrot, r. de Bercy, 32.
Baudoux, Port, 56.
Boudot, r. d'Orléans, 34.
Boué, r. d'Orléans, 47.
Brellié, r. Raoul, 5.
Brémont, r. de Bercy, 15.
Brésil, r. de Bercy, 72.
Brulé, r. de Bercy, 32.

Callot, r. de Charenton, 69.
Campion, r. de Bercy, 8.
Champenois, r. de Bercy, 100.
Chapitet, boulevard de la Râpée, 12.
Charton, r. de Bercy, 32.
Chellez, r. Libert, 5.
Carré, r. des Marais, 3.
Carré, r. Grange-aux-Merciers, 21.
Cussac, r. de Reuilly, 8.

Danjois, r. Léopold, 5.
Debroux, r. d'Orléans, 5.
Debureau, r. de Bercy, 32.
Desjardins, boulevard Charenton, 20.
Diot, r. de Bercy, 101.
Diot, r. Ste-Anne.
Dory, passage de l'Yonne.
Duru, r. d'Orléans, 8.
Dusable et Hanjois, r. de Bercy, 32.

Eberlin, r. de Bercy, 3.

Fournet, r. d'Orléans, 24.

Gatinet, r. Grange-aux-Merciers, 20.

Guillaume, r. de Bercy, 32.

Guillet, r. de Bercy, 1.

Guillomard, boulevard Charenton, 20.

Habay, r. d'Orléans, 35.

Hangeois, r. de Bercy, 101.

Houbillard, r. Grange-aux-Merciers, 21.

Jacquemart, r. d'Orléans, 5.

Lamiral, r. des Trois Chandelles.

Millet, *camionneur*, r. de Bercy, 32.

Miollaut (B.), Port, 56.

Monnet, r. Soulages 12.°

Montaudoin, passage de Lyonne, 3.

Noël, boulevard de Charenton, 20.

Noël (Jean-Claude), r. Grange-aux-Merciers, 19.

Noël (François), r. Grange-aux-Merciers, 19.

Pays, r. de Bercy, 111.

Pelletier (Jean), r. Brèche-aux-Loups, 3.

Pelletier (Claude), r. Brèche-aux-Loups, 3.

Pidude, r. du Commerce, 37.

Pierret, r. de Bercy, 32.

Pierrolet, r. de Charanton, 80.

Pigeonnat, Port, 61.

Pigeonnat, r. de Bercy, 2 ou 9.

Poinsignon, r. de Bercy, 32.
Richard, r. d'Orléans, 8.
Robert, Port, 56.
Ruzé, r. de Bercy, 94.
Scieux, r. Grange-aux-Merciers, 21 ou 31.
Seus, passage de Lyonne.
Simon, r. de Charenton, 70.
Sisson, r. de Bercy, 32.
Valibouze, r. de Bercy, 42.
Viardot, boulevard de Charenton, 27.
Vitry, r. Libert, 5.

PROPRIÉTAIRES ET RENTIERS.

Andrieux, Port, 27.
Amouroux, r. de l'Yonne, 11.
Arrachard (V^e), r. Gallois, 9.
Aulanier, *employé aux finances*, r. Charenton, 35.
Barande (Eugène), boulevard de Bercy, 18.
Baudouin (Alphonse), *régisseur de l'entrepôt Bautet de l'Isle*, r. de Bercy, 86.
Baussaint, r. de Bercy, 66.
Becrelle, r. du Commerce, 27.
Beignier, *employé des contributions indirectes*, Port, 36.
Bellavoine, r. de Charenton, 20.

Benoît, chemin du Marais, 11.

Benoît, vicaire, r. du Commerce, 6.

Bichebois, r. Ste-Anne, 8.

Blondelet, r. Soulages, 11.

Bocage, *gendarme*, r. de Charenton, 37.

Boé, *rentier*, r. de la Lancette, 19.

Base, place de l'Église, 9.

Boudin, *voyageur*, r. Charenton, 56.

Brayer, r. de Charenton, 62.

Brulefer, r. d'Orléans, 40.

Cagniac, r. de Bercy, 78.

Campmas (Mme), r. du Commerce, 6.

Campmas, r. de Bercy, 8.

Chasot, *jaugeur-juré*, r. d'Orléans, 10.

Chassaigne, *rentier*, r. Libert, 4.

Chevallot, *employé aux ponts et chaussées*, r. Grange-aux-Merciers, 21.

Chevreau, *sculpteur*, r. de Charonne, 54.

Chrétien, r. de Charenton, 67.

Collignon, *garde du commerce*, r. Grange-aux-Merciers, 13.

Commandeur, r. St-Anne, 55.

Couvreur, *pensionné*, r. Charenton, 72.

Daché, *militaire en retraite*, r. de Charenton, 11.

Dargentelle, *clerc d'huissier*, r. de Charenton, 67.

Defis, r. Grange-aux-Merciers, 21.

Delarue, r. de Charenton, 24.

Delormelle, r. Bercy, 109.

Desgranges, *ancien militaire*, r. de Charenton, 11.

Desreaux, Port, 64.

Divarot, r. Ste-Anne, 3.

Dubourg, r. de Fleury, 4.

Dubrunfaut, r. Brèche-aux-Loups, 10.

Ducruix, r. de Bercy, 13.

Duhamel, *rentier*, r. de Bercy, 80.

Durandeau (Ve), Port, 69.

Durnerin, r. de Bercy, 78.

Dussard, r. Grange-aux-Merciers, 47.

Duval, r. de Bercy, 58.

Ernette, r. de l'Yonne.

Ernule, chemin de la Croix-Rouge, 26.

Fargeau, r. de Bercy, 114.

Fauvelle, *retraité*, r. de Reuilly, 12.

Favre, *rentier*, boulevard de Bercy, 25.

Ferrand, *rentier*, r. de Charenton, 3.

Ferrand, *rentier*, r. de Bercy, 20.

Ferret, *rentier*, r. Grange-aux-Merciers, 202.

Flautin, chemin de Reuilly, 6.

Fortier-Beaulieu, r. de Charenton, 35.

Gaillard, *rentier*, boulevard Charenton, 59.

Gailleton, r. de Bercy, 54.

Gaillillée, r. d'Orléans, 35.

Galibert, *agent des postes*, boulev. de Bercy, 12.

Gallotte, *ancien négociant*, r. de Bourgogne, 1.

Galbois, r. Lancette, 3.
Gauthier, chemin de Reuilly, 11.
Gervaisot, *surveillant de la navigation*, Port, 7.
Hannoyer, *rentier*, r. de Charenton, 109.
Hardy, *receveur particulier*, r. Soulages, 22.
Hartel (Mme), r. Gallois, 30.
Héronard, *rentier*, r. de la Croix, 27.
Houdard, chemin de Reuilly, 60.
Hugot, r. de Bercy, 11.
Jaillet, *rentier*, r. de Charenton, 2.
Jégo, *gendarme*, r. de Charenton, 37.
Joubin, r. de Bercy, 15.

Lafond, r. de Bercy, 7.
Lamarche, r. de Charenton, 93.
Larpin, r. du commerce, 37.
Lauvray, chemin de la Croix-Rouge, 4.
Lecomte, *professeur*, r. de Bercy, 88.
Legendre, r. de Gallois, 32.
Legrand, Port, 56.
Lemaître, *rentier*, r. de Charenton, 77.
Lenoir, *rentier*, r. de Bercy, 111.
Leroy (Louis-Philippe), r. Libert, 9.
Lessertisseux, r. de Gallois, 17.
Levino, r. Soulages, 13.
Libert, *maire de Bercy*, Port, 26.

Maillet, *avocat*, r. de Charenton, 83.

Mangin de l'Épine, *rentier*, avenue du petit Bercy, 5.

Mascot, *sacristain*, place de l'Église.

Mathey, *rentier*, r. de Charenton, 62.

Mathon, r. de Charenton, 87.

Minoret, r. de la Lancette, 13.

Monier, boulev. de Charenton, 11.

Montagne, *rentier*, Port, 14.

Moreau, chemin du Marais, 16.

Moreau, Port, 67.

Morillon, r. de Charenton, 43.

Moussy (jeune), r. de Charenton, 10.

Narey, r. de Charenton, 105.

Nesme, *rentier*, Port, 59.

Nolle, Port, 61.

Ourselle, boulev. de Charenton, 7.

Paquet, *rentier*, r. de Bercy, 21.

Pacquet, r. de la Gare, 1-3.

Peronnet, *gendarme*, r. de Charenton, 37.

Picou (père), *rentier*, r. de Bercy, 12.

Pinard, chemin de Reuilly, 22.

Pracros, *régisseur de l'Enclos de la Société civile*, Port, 23.

Pradier, *rentier*, r. de Bercy, 6.

Rabigeois, r. de la Croix, 2.

Richard, r. Léopold.

Richebais, r. Sainte-Anne, 8.

Riverande, chemin de la Croix-Rouge, 37.

Robin, *sous-chef au chemin de fer*, r. de Bercy, 41.

Roger, r. de Charenton, 143.

Roussel, boulev. de Charenton, 16.

Sanlaville, boulev. de Bercy, 36.

Sergent, r. du Commerce, 35.

Sol, *rentier*, r. de Fleury, 4.

Tiel, r. de Gallois, 19.

Tourdet, *sous-chef au chemin de fer*, r. de Bercy, 47.

Trophy, *entrepreneur*, chemin de la Croix-Rouge, 2.

Vallet, *rentier*, r, de Bercy, 40.

Vancautren, r. de Charenton, 42.

Vaumeret, *rentier*, r. Grange-aux-Merciers. 7-9.

Vavasseur, *régisseur*, r. de Charenton, 100.

Védrine, r. Grange-aux-Merciers, 21.

Vion, *rentier*, boulev. de Bercy, 18.

Wantzel, *professeur*, r. Brèche-aux-Loups, 10.

Wocher, r. Grange-aux-Merciers, 49.

CAVES ET MAGASINS.

NUMÉROS des Magasins	LOCATAIRES.	Professions.	DOMICILES.
	MAISON DOLLÉANS, *Port*, 3.		
	Deschamps. . . .	V-G.	r. Ménilmontant, 144, à *Paris*.
	Didout.	V-G.	q. des Ormes, 9, à *Paris*.
	Marceau (B^{le}). .	V-G.	r. de Bercy, 107, à *Bercy*.
	Perdrier. . . .	V-G.	Port, 3, à *Bercy*.
	Philippon. . . .		r. Saintonge, 29, à *Paris*.
	Ravaut-Lemaire		r. Louis-le-Grand, 14, à *Paris*.
	Sermet.	V-G.	r. de Bercy, à *Bercy*.
	MAISON BEAU, *Port*, 5 et 7.		
	Drouault. . . .	C.	port, 5,
	Jaunet (A.), aîné	V-G.	port, 5,
	Lambre et Bonnet.	V-E.	port, 5, à *Bercy*.
	Lebreton	C-V-E.	port, 5,
	Meurgé (Ch.). .	V-G.	faub. St-Martin, 117, à *Paris*.
	MAISON , *Port*, 8.		
	Callaut aîné . .	V-G.	port, 8, prop. à Montri-trichard (Loir-et-Cher).
	Carré (Ch.). . .	E.	port, 8, à *Bercy*.
	Duchesne. . . .	V-G.	port 32,
	Michaud et Bertrand.	V-G.	r. Gallois, 1, à *Bercy*.
	Malvin père et f.	V-G.	r. St-Paul, 5, à *Paris*.
	Rogeliu (F.), (N. C.) . . .	V-G.	r. du Petit-Musc, 33, à *Paris*.
	Vataire-Vinot. .	V-E.	port, 8, à *Bercy*.

ENTREPOT DE LA SOCIÉTÉ CIVILE DE BERCY

Port, 9 à 25.

Gérant, M. PACROS, *y demeurant.*

1° *Rue de Bourgogne*, tenant port de Bercy, aboutissant rue de Bercy.

	Bourdeil (v^e). .	V-G.	r. Duphot, 22, à *Paris*.

NUMÉROS des Magasins	LOCATAIRES.	Profes-sions.	DOMICILES.
23	Chastagnier. . . .	V-E.	boulev. de la Râpée, 34, à *Bercy.*
	Chattet (J.) . .	C-V-G.	boulev. du Temple, 32, à *Paris.*
52	Clous.		
60	Conte.	Distill.	r. St-Martin, 361, à *Paris.*
	Dauzlinger et Gallez	V-G.	port, 32, à *Bercy,* et boul. Bourdon, 15, à *Paris.*
7	Delore (aîné). .	V-V-E.	boulev. de Bercy, 20, à *Bercy.*
51	Gentil (L.) . . .	D.	q. de la Gare, 4, à *Ivry-s.-Seine.*
29,56,57	Gilbert (aîné). .	V-V.	r. de Bercy, 8, à *Bercy.*
27	Giraux et Marais	V-G.	port, 32, à *Bercy.*
	Granger (Th.). .	V-G.	port, 32, à *Bercy.*
30	Grimault (aîné)	V-V.	r. de la Gare, 1-3, à *Bercy.*
53	Lancyrie. . . .		r. Boutarel, 7, à *Paris.*
16	Leray-Dupré (Vᵉ)	V-G.	r. de Bercy, 12, à *Bercy.*
53	Lezard (L.). . .	V-G.	boulev. Beaumarchais, 18, à *Paris.*
111, 27	Menant (Emile)	V-G.	r. Meslay. 48, à *Paris.*
54	Meurgé (Ch.). .	V-G.	faub. St-Martin, 117, à *Paris.*
	Pacros et Mayer	V-G.	r. de Bercy, 56, à *Bercy.*
	Panier (J.). . .	V-E.	r. de Bourgogne, 3, à *Bercy.*
26	Thomas-Bouron	V-G.	r. des Deux - Écus, 13, à *Paris.*
56	Thibault		r. des Deux-Portes-Saint-Sauveur, 17, à *Paris.*
	Trichard-Duperron.	V-G.	r. du Cardinal-Lemoine, 4, à *Paris.*

2° *Rue de la Côte-d'Or*, tenant rue de Bordeaux, aboutissant rue de Mâcon.

NUMÉROS des Magasins	LOCATAIRES.	Profes-sions.	DOMICILES.
201	Cingal aîné. . .	V-G.	r. de Lourcine, 4, à *Paris.*
96	Courtin fils. . .	V-G.	port, 14, à *Bercy.*
78	Duchaussoy. . .	C-V-E.	port, 11, à *Bercy.*
69	Gilbert jne (Th.)	C.	r. de Bercy, 64, à *Bercy.*
71	Lecène (A.) et Gilbert. . . .	V-G.	r. de Bercy, 13, à *Bercy.*
111	Ménant (Emile)		r. Meslay, 48, à *Paris.*

NUMÉROS des Magasins	LOCATAIRES.	Professions.	DOMICILES.
99 *bis.*	Perot.	V-G.	r. Gallois, 22, à *Bercy.*
202	Periot des Carrières.	V-G.	boulev. Beaumarchais, 27, à *Paris.*
33	Roussie et Sibert	V-G.	r. Drouot, 14, à *Paris.*
69	Truchon frères.	V-E.	r. de Bercy, 80, à *Bercy.*
217	Vaillat et Portes	V-E-V.	boulev. de la Râpée, 18, à *Bercy.*

3° *Rue de Bordeaux,* tenant au port, aboutissant rue de Bercy.

NUMÉROS des Magasins	LOCATAIRES.	Professions.	DOMICILES.
68	Aumoitte. . . .	V-E.	r. Gallois, 1, à *Bercy.*
59	Catalo.	V-G.	chem. du Marais-de-Reuilly, 42, à *Bercy.*
52	Coutant et Cᵉ. .	V-G.	r. St-Louis, 29 (au Marais). à *Paris.*
60	Coutant neveu.	C.	port, 64, à *Bercy.*
72, 74, 76 41-43	Cherrier (*N. C.*)	V-G.	q. de Béthune, 14, à *Paris.*
53	Cornet.	V-G.	r. Volta, 16, à *Paris.*
82	Duchaussoy frères.	C.	port, 8-11, à Bercy.
40, 42, 44 78, 38, 56 61, 58	Gallichon (*N. C*).	V-G.	q. Voltaire, 9, à *Paris.*
47	Gerby et Helogeais et Cᵉ. .	V-G.	r. de Charenton, *à la Grande-Pinte (Bercy).*
63	Girardin. . . .	V-G.	r. St-Antoine, 102, à *Paris.*
70	Guèpatte et Lorin.	V-G.	r. St-Antoine, 215, à *Paris.*
57	Havy jeune. . . .	V-G.	r. de Bercy, 13, à *Bercy.*
62, 64	Julien et Péret.	V-G.	r. du Pas-de-la-Mule, 2, à *Paris.*
46	Kecène (A.) et Gilbert. . . .	C.	r. de Bercy, 13, à *Bercy.*
70	Mignot (J.-B.).	C.	r. de Bercy, 15, à *Bercy.*
55	Moncel.	V-G.	q. d'Orléans, 8, à *Paris.*
49	Pessot.	G-D.	boulev. Beaumarchais, 18, à *Paris.*
66	Vᵉ Truchon et fils. . . . . . Truchon frères.	E.	r. de Bercy, 80, à *Bercy.*

NUMÉROS des Magasins	LOCATAIRES.	Professions.	DOMICILES.

4° *Impasse d'Orléans,*

95	Bonnevay. . .	V-G.	r. de Bercy, 8, à *Bercy.*
100	Buhner.	V. en B	r. de Richelieu, 64, à *Paris.*
80	Gilbert jeune (T.).	C.	rue de Bercy, 64, à *Paris.*
79	Moriceau (J.) et Pouvreau (L.)	C.	bou'ev. de Bercy, 1, à *Bercy.*
112	Mazet (C.).. . .		r. St-Louis, 29 (au Marais), à *Paris.*
	Pasquet.		r. de Sèvres, 20, à *Paris.*
	Perot (G.).. . .	V-G.	r. Gallois, 22, à *Bercy.*
106	Roumieux. . . .		
104	Soulier.		r. du Rocher, 15, et r. Laborde, 1, à *Paris.*
106	Tourette.. . . .	V-E-S.	r. Salle-au-Comte, 20, à *Paris.*

5° *Cour Valla.*

	Chaudot (J.).. .	V-C.	r. de la Cerisaie, 37, à *Paris.*
	Bessières. . . .		Faub. Saint-Antoine, 105 à *Paris.*
	Desgranges frères.	V-G.	r. de Bercy, 36, à *Bercy.*
	Pardon (J.-M.).		r. Ménilmontant, 18, à *Paris.*
	Valla jeune. . .	V-C.	r. de Bercy, 38, à *Bercy.*

6° *Rue de Beaune,* tenant rue de Bercy, aboutissant impasse d'Orléans.

215	Boy (A.).	Distill.	r. de Bercy, 36, à *Bercy.*
114	Duhamel (A.)..	Vinaig.	r. de Bercy, 34, à *Bercy.*
110	Mathieu et Cᶜ de *Bordeaux.*	V-E.	Grande r. des Batignolles.

7° *rue de Mâcon,* tenant port de Bercy, aboutissant rue de Bercy.

	Blanchet (A.). .	V-S.	r. St-Pierre-Popincourt, 20, à *Paris.*

8.

NUMÉROS des Magasins	LOCATAIRES.	Professions.	DOMICILES.
140	Andrieux. . . .		
144	Allain (oncle et neveu). . . .		boul. Beaumarchais, 37, à *Paris.*
137, 141 145, 147	Banchereau (*N. C.*) et Baratin.		q. Bourbon, 19, à *Paris.*
6	Bauny (V.). . . .	V-G,	r. de Mâcon, 4, à *Bercy.*
138	Beau frères. . .	V-G.	r. de Mâcon, 7, et Port, 24, à *Bercy.*
	Bellet (*N. C.*) .	V-G.	q. de Béthune, 18, à *Paris.*
12	Bernard. . . .	V-G.	r. de Bercy, 54, à *Bercy.*
	Bertrand. . . .	V-G.	r. de Mâcon, 2, à *Bercy.*
142	Chambard (*N. C.*)	V-E-V-C	r. de Mâcon, 2, à *Bercy.*
	Callot et Aubert.	V-E-V.	Port, 32, à *Bercy.*
	Desmarquez *fils aîné.*	P-R.	à Mâcon (*Saône-et-Loire.*)
	Drioton. . . .		r. de Paris, à *Belleville* (Seine), 2, *à la Vieilleuse.*
28	Fleurot (*N. C.*)	C.	r. de Bercy, 72 (au Petit-Château), à *Bercy.*
28 bis	Fonade (J.) et Ce. . . .	V-G.	r. Grange-Batelière, 11, à *Paris.*
141	Lafond fils j^e. .	V-G.	r. de Mâcon, 44, à *Bercy.*
142	Lesueur frères.	V-G.	
	Willermot. . . .	E.	q. de Béthune, 18, à *Paris.*
	8° *Cour Chambard.*		
4	Bastard. . . .	V-G.	r. de Bercy, 94, à *Bercy.*
	Martineau frères.	V-G.	r. des Fossés-St-Bernard, 26, à *Paris.*
4 bis	Vernay. . . .	V-G.	q. d'Anjou, 43, à *Paris.*
	9° *Cour Desroches.*		
	Bailly. . . .	V-G.	Port, 42, à *Bercy.*
	Banchereau et Baratin (*N. C.*)	V-G.	q. Bourbon, 19, à *Paris.*
	Binet. . . .	V-G.	r. Neuve-Saint-Gilles, 8, à *Paris.*
21	Baulmann. . .	V-G,	place de la Bourse, 6, à *Paris.*
15, 16	Charpentier. . .	D.	r. Saint-Sébastien, 50, à *Paris.*

NUMÉROS des Magasins	LOCATAIRES.	Professions.	DOMICILES.
	Devauchelles. .	Prc	r. Meslay, 56, à *Paris.*
	Desroches frères.	C.	boul. Contrescarpe, 28, à *Paris.*
	Dupré.	V-G.	r. Saint-Paul, 38, à *Paris.*
	Fareto.	V-G.	r. Dauphine, 22, à *Paris.*
82	Guiard.	V-G.	r. des St-Pères, 24, à *Paris.*
	Hureau. . . . , .	V-G.	r. Gallois, 28, à *Bercy.*
	Loreille. . . . , .	G-D.	r. Charlot, 79, à *Paris.*
	Marc-Piquet. .	V-G.	r. St-Claude, au Marais, 2, à *Paris.*
18	Perdrion (P.). .	C.	r. du Commerce, 4, à *Bercy.*
	Poichet. . , . .	V-G.	r. de Fleurus, 21, à *Paris.*
	Roqueblave (E.)	V-G.	Faub. Poissonnière, 25, à *Paris.*
	Souques.	V-G.	

10° MAISON DUCHAUSSOY, *port,* 14.

NUMÉROS des Magasins	LOCATAIRES.	Professions.	DOMICILES.
	Bedbet (D.), . .	V-G.	Port, 64, à *Bercy.*
12	Gerby, Lelogeais et C°.	V-G.	r. de Charenton (à la Grande Pinte), à *Bercy.*

11° MAISON FINET-MATELIN, *Port,* 16.

NUMÉROS des Magasins	LOCATAIRES.	Professions.	DOMICILES.
	Chade (V°) et Thibault. . .	V-G.	r. Poultier, 20, à *Paris.*
	Gillet.	V-G.	r. Monsieur-le-Prince, 69, à *Paris.*
	Jourdeuil . . .	V-G.	

12° MAISON ALAIS, *Port,* 17.

NUMÉROS des Magasins	LOCATAIRES.	Professions.	DOMICILES.
	Alais.	C.	Port, 17, à *Bercy.*
	Bour.	C.	r. de Bercy, 54, à *Bercy.*
	Collier..	V-G.	boul. Beaumarchais, 56, à *Paris.*

13° MAISON MENANT et C°, *Port,* 20.

NUMÉROS des Magasins	LOCATAIRES.	Professions.	DOMICILES.
	Boullant père et fils.	V-G.	boul. Beaumarchais, 37, à *Paris.*
	Durieu frères. .	V-.	
	Mathez.	V-G.	q. des Ormes, 58, à *Paris.*
	Mazin.	V-G.	r. de la Vannerie, 28, à *Paris.*
	Menant et C°. .	C.	Port de Bercy, 20, à *Bercy*

NUMÉROS des Magasins	LOCATAIRES.	Professions.	DOMICILES.
	Lasnier - Larochette.. . . .	V-G.	boul. du Temple, 10, à *Paris.*
	Ruaux.	V-G.	r. St-Jacques, 244, à *Paris.*
	Saunier.	V-G.	r. de Bercy, 80, à *Bercy.*

14° MAISON ALLAIN; *Port, 22.*

NUMÉROS des Magasins	LOCATAIRES.	Professions.	DOMICILES.
11	Garnier.	V-G.	boul. Beaumarchais, 20, à *Paris.*
16	Hatton.	E-de-v.	r. St-Jacques, , à *Paris.*
9	Parenteau. . . .	V-G.	r. Gallois, 28, à *Bercy.*
3	Valentin (A.) fils.	E.	q. Bourbon, 51, à *Paris.*

ENTREPOT BOUTET-DELISLE, propriétaire à Saumur (Maine-et-Loire), *Port, 32.*

Gérant, M. LARY aîné, courtier gourmet, domicilié à Paris, place Royale, 6.

NUMÉROS des Magasins	LOCATAIRES.	Professions.	DOMICILES.
27,28,29	Balmont.. . . .	V-G.	boul. Beaumarchais, 80, à *Paris.*
83	Barilliet.. . . .	V.	r. de Bercy, 15, à *Bercy.*
39	Bergeron. . . .	V-G.	r. St-Antoine, 177, à *Paris.*
3, 4	Blanc.	V-G.	Faub. Poissonnière, 133, à *Paris.*
93	Bonfils..	Distill.	r. Michel-le-Comte, 26, à *Paris.*
41	Bresson.	V-G.	r. Michel-le-Comte, 28, à *Paris.*
95	Buhot (T.). . . .	V-G.	r. Babylone, 50, à *Paris.*
103	Chapt.	D.	r. de Cluny, 1, à *Paris.*
91	Charlet.	V-G.	
73, 74, 97, 98.	Chatelain.	V-G.	Port, 32, à *Bercy.*
42	Cochois.	V-G.	r. de Bercy, 50, à *Bercy.*
55-56	Colette.	V-G.	place de la Bourse, 11, à *Paris.*
96	Conille.	D.	r. St-Martin, 298, à *Paris.*
10	Cordier (L.). . .	V-G.	pl. de l'Arsenal, 6, à *Paris.*
89-90	Courtois (P.). .	V-G.	r. de Jouy St-Antoine, 9, à *Paris.*
75	Dauvissat (L.).	V-G-C.	Port, 32, à *Bercy.*
54	Delarue.	V-G.	r. St-Antoine, 187, à *Paris.*

NUMÉROS des Magasins	LOCATAIRES.	Professions.	DOMICILES.
33,34,76	Doisteau, Vincent et Baurain.	Distill.	q. Valmy, 157, à *Paris*.
5,6,7,8,9	Ducarus jeune.	V-G.	r. Daval, 5, à *Paris*.
52	Espinat.	V-G.	r. des B.-Arts, 7, à *Paris*.
57	Foillard, Grognet, Hezard.	V-G.	r. Culture-Ste-Catherine, 27, à *Paris*.
102	Fouinat.	D.	r. de la Rotonde du Temple, 44, à *Paris*.
40	Fromont.	V-G.	boul. Beaumarchais, 7, à *Paris*.
50,100	Gallet et Cᵉ. . .	V-G.	boul. Beaumarchais, 74, à *Paris*.
105	Galopin.	V-G.	r. Jacob, 3, à *Paris*.
58-59	Garnier.	V-G.	boul. Beaumarchais, 20, à *Paris*.
53	Gandon.	V-. G	île St-Louis, 43, à *Paris*.
91	Gaudin.	V-G.	r. Notre-Dame-de-Nazareth, 37, à *Paris*.
35,36,48	Havy.	V-G.	Faub. Saint-Denis, 39, à *Paris*.
99	Hudry.	D.	r.
37	Lamule.	C.	Port, 32, à *Bercy*.
60,70,74 78,100	Laurent (E.) et Raimbault. .	V-G.	r. Neuve-St-Eustache, 36, à *Paris*.
55	Lefebvre.	V-G.	r. de Beaune-St-Germain, 6, à *Paris*.
104	Marduel.	Distill.	r. Gaillon, 9, à *Paris*.
16	Marteau père et fils.	V-S.	Port, 32, à *Bercy*.
15	Mas et Lisoty. .	V-G.	r. des Filles-du-Calvaire, 23, à *Paris*.
88	Mélouzay. . . .	V-G.	boul. Beaumarchais, 14, à *Paris*.
61,62,63 64,65,66 67,68,71 72,84,85 86,87	Munier et Legendre. . . .	V-G.	r. St-Louis (au Marais), 11, à *Paris*.
	Nel.	D.	barrière du Combat, 8, à *Belleville* (Seine).
46	Pérey.	D.	r. Rambuteau, 19, à *Paris*.

NUMÉROS des Magasins	LOCATAIRES.	Professions.	DOMICILES.
2, 77	Périn.	V-G.	Quincié (Rhône), et à *Paris*, quai de l'École.
32	Picard..	D.	barrière du Combat, à *Belleville* (Seine).
20, 21, 22	Pomey (H.), Berufumé. . .	V-G.	boul. Beaumarchais, 18, à *Paris*.
49	Raincourt. . . .	V-G.	r. Vivienne, 42, à *Paris*.
18	Reyssié.	C.	à la Chapelle de Guinchay (Saône-et-Loir), et à *Paris*.
26	Roux.	V-G.	r. de l'Est, 1, à *Paris*.
17, 69, 80, 81, 82	Royer (J.-B.). .	V-G.	place Royale, 13, à *Paris*.
11, 12, 13, 14,	Saint-Maurice..	V-G.	q. Béthune, 24, à *Paris*.
30	Sanrey.	V-G.	pl. de la Bastille, à *Paris*.
94	Schleiter. . . .	D.	r. de Lancry, 19, à *Paris*.
23, 24, 25, 38	Trichard fils.. .	V-G.	r. Laffitte, 51, à *Paris*.
47	Véron.	D.	r. de la Poterie Saint-Honoré, 3, à *Paris*.

COUR CHESNEAU, *Port, 33.*

	LOCATAIRES.	Professions.	DOMICILES.
	Vᵉ Bodand et Allary.. . . .	V-G.	boul. Beaumarchais, 75, à *Paris*.
	Boullay (N. C.).	V-G.	q. de Béthune, 26, à *Paris*.
	Brossette. . . .	V-G.	à Grenelle (*Seine*).
	Chaudron. . . .	V-G.	r. Guy-Labrosse, 3, ou Notre-Dame-de-Nazareth, 37, à *Paris*.
	Farget.	V-G.	aux carrières de Charenton.
	Lecomte.	V-G.	distillateur à Montrouge (*Seine*).
	Lemonier. . . .	V-G.	Port, 64, à *Bercy*.
	Rellay..	V-G.	r. St-Louis-en-l'Ile, 55, à *Paris*.

COUR COISSIEU, *Port, 36.*

	LOCATAIRES.	Professions.	DOMICILES.
	Bert.	V-G.	r. St-Denis, 94, à *Paris*.
	Chautreau.. . .	D.	Port, 39, à *Bercy*.
	Cheffe.	V-G.	

NUMÉROS des Magasins	LOCATAIRES.	Professions.	DOMICILES.
	Delarue (J.-B.).	V-G.	r. de Bercy, 38, à *Bercy*.
	Dubaut jeune. .	V-G.	r. St-Antoine, , à *Paris*.
	Ferret.	V-G.	r. des Deux-Ponts, 3 (hôtel des Deux - Ponts), à *Paris*.
	Fortier.	G-D.	r. Traînée, 16, à Montmartre (*Seine*).
	Guyot et Ce. . .	G-D.	place Royale, 23, à *Paris*.
	Hartmann.. . .	G-D.	à Gentilly (*Seine*).
	Lachassine. . .	V-G.	r. Montholon, 20, à *Paris*.
	Lartizien. . . .	V-G.	
	Pellier..	G-D.	à *Passy* (Seine).
	Rouet.	V-G.	r. Gallois, 17, à *Bercy*.
	Tissier-Pinta. .	V G.	q. Bourbon, 19, à *Paris*.

MAISON PELOU et **C**ie, dite COUR DU PETIT-CHATEAU, *Port*, 41, 43.

NUMÉROS des Magasins	LOCATAIRES.	Professions.	DOMICILES.
69	Allain (A.) (*N. C.*).	V-G.	boul. Beaumarchais, 93, à *Paris*.
60	Aubert (E.). . .	V-G.	r. Mazagran, 10, à *Paris*.
66	Beunon.	P-R.	à Fleury (*Saône-et-Loire*).
68	Bouvier.	D.	r. d'Alger, 10, à *Paris*.
51	Bresson - Durieux.	V-G.	r. Castex, 17, à *Paris*.
52, 53	Chabroud. . . .	V-G.	boul. St-Martin, 4, à *Paris*.
49	Cadet - Chalendon.	P-R.	à Mâcon (*Saône-et-Loire*).
48	Chaix et Ce. . .	V G.	boul. Mazas, 15, à *Paris*.
57	Demoutier.. . .	V-G.	q. d'Anjou, , à *Paris*.
54	Fontaine. . . .	V-G.	r. Ménilmontant, 36, à *Paris*.
47	Gaitet	D.	r. de Meaux , 8, à *Belleville.*.
50	Ligneau.	V-	Port, 39, à *Bercy*.
27	Ve Maguien. . .	V-G.	r. Montmartre , 41 , à *Paris*.
28	Mercusot- Sombernon. . . .	P-R.	
58	Minvielle *père*..	V-G.	r. de la Jussienne, 17, à *Paris*.
56, 59	Révillon jeune.	C.	r. Gallois, 17, à *Bercy*.
24, 55	Riballlier. . . .	P-R.	à Mâcon (*Saône-et-Loire*).

NUMÉROS des Magasins	LOCATAIRES.	Professions.	DOMICILES.
	Saunier jeune..	V-E-V.	r. Saint-Antoine, 222, à Paris.
	Senaillet. . . .	C.	cour du Petit-Château, à Bercy.

MAISON PROUST (L.), Port, 43.

NUMÉROS des Magasins	LOCATAIRES.	Professions.	DOMICILES.
2	Basset.		Faub. Saint-Martin, 56, à Paris.
7, 8	Bonnerut. . . .	V-G.	Port, 61, à Bercy.
3	Chamonard. . .		q. d'Anjou, 41, à Paris.
23	Chappe.		r. de Charenton, 60, à Bercy.
36	Chenu.	D.	barrière de l'Étoile, , à Paris.
41	Vᵉ Cognac. . . .	Distill.	r. St-Roch, 8, à Paris.
19	Combier.	P-R.	à Mâcon (Saône-et-Loire).
10, 16	Daubourg. . . .	D.	r. du Chemin Vert.
20	Daverton. . . .	D.	r. Constantine, 18, à Paris
17	David.	D.	r. St-Étienne Bonne-Nouvelle, 9, à Paris.
43	Vᵉ Fardin. . . .	Restʳ	boul. St-Martin, 53, Paris.
38, 39	Fargeton. . . .	D.	r. du Petit-Lion-St-Sauveur, à Paris.
30	Fonade et Cᵉ . .		r. Grange-Batelière, 11, à Paris.
44	rapinis	D.	r. Censier, 3, à Paris.
40	Hurel.	5e s	r. du Bac, 1, à Paris.
15	Legrand.	RD.	r. Portefoin, 11. à Paris.
22	Loison..	D .	r. de la Femme sans Tête, 4, à Paris.
21	Martin	P-R.	à Mâcon (Saône-et-Loire).
18	Millet.	D.	r. Réaumur, 35, à Paris.
48, 49	Porcher.	V-G.	r. Laroche, 3, à Bercy.
42	Rapin.		boul. Beaumarchais, 15, à Paris.
37	Reculez.		r. de Charenton, 12, Paris.
6, 12	Rellay..		boul. Beaumarchais, 3, id.
26, 27, 28, 29	Roger.		place Royale, 13, à Paris.
5	Roux.	V-G.	r. Laroche, 4, à Bercy.
12, 14	Simon..	D.	r. des 4-Fils, , à Paris.
9	Vᵉ Tandou. . .	V-D.	r. du Mail, 24, à Paris.
25, 34	T. Thévenin . .	V-G.	r. Gallois, 17, à Bercy.

NUMÉROS de Magasins	LOCATAIRES.	Professions.	DOMICILES.
	ENTREPOT ABEL LAURENT, *Port*, 47.		
	Gérant, M. DEBOUVILLE, *y demeurant*.		
	1° Grand'Rue.		
16	Belanger jeune.		r. Montmorency, 42, à *Paris.*
30	Carpentier . . .		r. Saint-Louis (*au Marais*), 5, à *Paris.*
42	Desnoyelles. . .		r. Aubry-le-Boucher, 26, à *Paris.*
18	Déromas		r. Ste-Marguerite, 33, à *Paris.*
80	Deschamps. . .		r. Phélippeaux, 22, à *Paris.*
22	Desforges. . . .		boul. Beaumarchais, 11, à *Paris.*
14	Félix	D.	r. des Juifs, 21, à *Paris.*
8	Fortin et Pouët.	V-G.	Port, 47, à *Bercy.*
19	Gélin	Rest.	r. Chaussée - Ménilmontant, 4, à *Belleville.*
38, 40	Guérineau . . .		
32	Jeanjean		r. d'Arcole, 15, à *Paris.*
20	Laneyrie		Port, 47, à *Bercy.*
2	Lessance		r. Marivaux, 7, à *Paris.*
17	Locquet.		r. Samson, 3, à *Paris.*
10	Mathis		r. de la Gare, à *Ivry* (Seine).
21	Missonnier père (*N. C.*) et fils.		r. Culture-Ste-Catherine, 19, à *Paris.*
4, 6	Monmain. . . .		r. Laroche, 3, à *Bercy.*
5, 7	Moutier.		r. de la Corderie, 6, à *Paris.*
36	Olivier		r. St-Marc-Feydeau, 39, à *Paris.*
24	Perron		r. St-Honoré, 291 *bis*, à *Paris.*
9,11,13	Rey.		r. de la Comète, 14-16, à *Paris.*
24	Riche.		r. Croix-des-Pet.-Champs, 55, à *Paris.*
2 *bis.*	Rousseau. . . .	P-R.	à Bordeaux (*Gironde*).
15	Weil-Cerf. . . .		cité Trévise, 3, à *Paris.*

NUMÉROS des Magasins	LOCATAIRES.	Professions.	DOMICILES.
	2° Cour du Commerce.		
8	Abelé de Muller		
10, 12	Auzelly.		q. de la Tournelle, 37, à *Paris.*
12 *bis.*	Dairain.		r. St-Honoré, 207, à *Paris.*
14	Fouquet.		Faub. St-Antoine, 82, à *Paris.*
4	Frezet.		r. des Prouvaires, 3, à *Paris.*
5	Lamule-Edoin..		port de Bercy, 32.
	3° Rue de Bordeaux.		
4	Anselme.. . . .		r. d'Argenteuil, 28, à *Paris.*
9	Desforg.-Gallois		r. Rambuteau, 49, à *Paris.*
7	Donon..	D.	q. de la Râpée, 90, à *Paris.*
5	Gauthier		r. Saint-Sébastien, 17, à *Paris.*
2	Pinguet.		r. St-Honoré, 313, à *Paris.*
	4° Rue de Mâcon.		
11	Brosse..		r. de Verneuil, 10, à *Paris.*
7	Cadot.		à Joinville-le-Pont.
16	Clerc.		r. Godot-de-Mauroy, 10, à *Paris.*
20	Daniel.		r. du Grand-Prieuré, 21, à *Paris.*
12	Daymas.	P-R.	à Avignon (*Vaucluse*).
3	Denuelles. . . .		
4	Dubessy.. . . .		r. Bourbon-Villeneuve, 44, à *Paris.*
10	Geoffroy.		r. de Jouy St-Antoine, 16, à *Paris.*
8	Laneret.		r. de Buffault, 34, à *Paris.*
14	Lelarge et Farry		r. St-Martin, 100, à *Paris.*
9	Pémouillé de Mézéré. . . .	V-G.	r. Duphot, 16, à *Paris.*
	5° Rue de Beaune.		
29	Bertin.		r. de la Roquette, 51, à *Paris.*
29 *bis*	Bourdon.. . . .		r. de Poitou, 20, à *Paris.*

NUMÉROS des Magasins	LOCATAIRES.	Profes-sions.	DOMICILES.
27	Dacguin......		r. Laffitte, 36, à *Paris*.
31	Farget......	D-G.	aux carrières de *Charenton*.
17	Gueudet......	D.	r. Bourbon-Villeneuve, 53, à *Paris*.
30	Grand.......		r. du Roi-de-Sicile, 47, à *Paris*.
21	Millot aîné...		r. des Orties St-Honoré, 11, à *Paris*.
27 *bis*.	Muller......		r. Traversière St-Antoine, 69, à *Paris*.
17	Theureau....		

6° *Rue de Médoc*.

21	Brazier......		r. d'Allemagne, 6, à *la Petite Villette*.
13	Flamarion.....		Faub. Montmartre, 2, à *Paris*.
18	Gloux,......		r. Vieille-du-Temple, 17, à *Paris*.
17	Hardon.......		boul. des Italiens, 8, à *Paris*.
7	Ladent et Lemery.....		r. Bourbon-Villeneuve, 36, à *Paris*.
9	Morin (Mme)...		r. de l'Écluse, 16, aux Batignolles.
1	Persent.......	P-R.	à Tribaldoux, près Meaux (*Seine-et-Marne*).
19	Yvray.......		r. du Chantre, 21, à *Paris*.

7° *Rue d'Anjou*.

20	Breton......	D.	Faub. Poissonnière, 40, à *Paris*.
22	Cortot......	D.	r. St-Jacques, 26, à *Paris*.
1	Coulouvret....	D.	aux carrières de *Charenton*.
6	Couturat....	D.	r. Basfroid St-Antoine, 54, à *Paris*.
10	Dory (Philibert)		r.
5	Dupont......		r.
5 *bis*.	Garau.......		r. Grange-Batelière, 3, à *Paris*.

NUMÉROS des Magasins	LOCATAIRES.	Professions.	DOMICILES.
8	Girard		r. Grenelle-St-Germain, 7, à *Paris*.
19	Gonnard		r. d'Anjou-Dauphine, 12, à *Paris*.
13	Hervéou		r. Charenton, 48, à *Paris*.
18	Jourde		r. des Deux-Portes-Saint-Sauveur, 22, à *Paris*.
15	Najotte		r. Neuve-Saint-Méry, 27, à *Paris*.
4	Oudard		r. St-Martin, 73, à *Paris*.
16	Petit		r. Simon-le-Franc, 25, à *Paris*.
11	Richard		r. de la Croix, 6 (marché St-Martin), à *Paris*.
17	Sergent		r. Neuve des Martyrs, 4, à *Paris*.
9	Thellier		r. des Frondeurs, 6, à *Paris*.
6	Viennot		r.
12	Vilette		r. des Amandiers, 9, à *Belleville*.

8° *Rue de la Côte-d'Or.*

NUMÉROS des Magasins	LOCATAIRES.	Professions.	DOMICILES.
6, 8	Cranney fils aîné		r. Hauteville, 64, à *Paris*.
2	Delanoue		r. Sainte-Marguerite, 17, à *Paris*.
12	Deconniek	P-R.	à Bordeaux (*Gironde*).
16	Demait		Porte St-Antoine, 3, *Paris*.
14	Dulac		Grande-Rue, 83, à la *Chapelle Saint-Denis*.
19	Duvois		q. de la Grève, 32, à *Paris*.
20	Fayolle		r.
17	Ferrée		r.
5, 7	Fleury Lesuire	Pre.	à Richelieu (*Ind.-et-Loire*).
19	Foucault		faub. St-Honoré, 182, *Paris*
9	Godefroid		r. St-Sauveur, 22, à *Paris*.
11	Lamain		Port, 47, à *Bercy*.
4	Laudre		place de la Madeleine, 8, à *Paris*.
15	Mercier		r. Ménilmontant, 1, *Paris*
18	Miroux		r. St-Ambroise, 3, à *Paris*.
10	Thorcignié de la Tour	Pre	à Saintes (*Charente-Inf.*)

NUMÉROS des Magasins	LOCATAIRES.	Professions.	DOMICILES.
	9° *Rue de Champagne.*		
1	Darantière		r. Phélippeaux, 18, *Paris.*
14	Lebrun		chaussée du Maine, 75, à *Montrouge.*
12	L. Poney et Beaufumé		boul. Beaumarchais, 18, à *Paris.*
16, 18	Saunier		r. St-Antoine, 222, *Paris.*
5, 7	Wallet jeune		r. des Sts-Pères, 48, *Paris.*
	COUR CRÉPIER ; *Port, 49.*		
	Gérant, principal locataire, M. CRÉPIER, *y demeurant.*		
33, 35	Aubry-Dehelly		r. Bleue, 18, à *Paris.*
60	Amiard		r. du Bac, 61, à *Paris.*
48	Avenet		r. de Paris, aux *Batignolles.*
51, 62	Balmont (Aug.)	P.	à St-Firmin (*Oise*).
32	Baudillard		r. du Faub.-Saint-Antoine, 128, à *Paris.*
55	Baudouin		r. Paradis-Poissonnière, 20, à *Paris.*
59	Berthoin et Ce.		r. Fontaine-Molière, 35, à *Paris.*
45	Bocquillon		r. Bourg-l'Abbé, 13, *Paris.*
54	Bouzeveau		r. St-Martin, 221, à *Paris.*
56	Bulton	P.	à St-Georges (*Loir-et-Cher*).
15	Carrier		r. Marie-Stuart, 12, *Paris.*
53	Charnel		r. des Francs-Bourgeois, 1, à *Paris.*
70	Crépier		Port, 49, à *Bercy.*
80	Crispoul		r. de Paris, 1, à *Belleville.*
43	Corcoval		r. Belle-Chasse, 55, *Paris.*
66	Cusset (Thomas)		représenté par M. Melon. r. de Louvois, 10, *Paris.*
71	Daage et Léon.		r. de la Reynie, 2, à *Paris.*
23, 25, 28	Delaume (vᵉ)		r. de Paris, 51, à *Belleville.*
58	Delore	D.	r. de Bercy, 83, à *Bercy.*
45	Donon		r. du Temple, 210, *Paris.*
41, 49	Douzeau		r. Aumaire, 12, à *Paris.*
61	Duval		pl. Dauphine, 12, à *Paris.*
76	Ellièges frères	V-G.	à l'entrepôt, aux *Batignolles.*

NUMÉROS des Magasins	LOCATAIRES.	Professions.	DOMICILES.
73	Feuillet.		q. des Grands-Augustins, 59, à *Paris.*
16,19,31	Finet-Matelin. .	C.	Port, 16, à B*ercy.*
29 *bis.*	Gélin		r. Ménilmontant, 58, *Paris*
29, 29 *b.*	Girard (J). . . .		r. du Dragon, 38, à *Paris.*
29	Gonon.		r. Regrattière, 16, *Paris.*
78	Guillermard . .		r. St-Lazare, 78, à *Paris.*
58 *bis.*	Igoux.		r. des Nonandières, 14, à *Paris.*
54	Joubert.	V-G.	r. Tour du Temple, 18, à *Paris.*
61, 63 *b.*	Julien.		r. Dauphine, 61, à *Paris.*
57	Large.	V-G.	r. Gallois, 13, à B*ercy.*
30	Lemonnier. . .		r. R-St-Honoré, 15,*Paris.*
64	Lespinasse . . .		r. Coquillière, 27, à *Paris.*
67	Leyma.		faub. St-Antoine, 170, id.
72 *bis*	Lopez.		r. Richer, 12, à *Paris.*
67	Lucotte.	D.	à Belleville (*Seine*).
68	Maréchal. . . .		r. Vendôme, 1, à *Paris.*
74	Menndel.		r. St-Martin, 201, à *Paris.*
29	Mousseron. . . .		r. Basfroi, 43, à *Paris.*
72	Panier.		r.
38, 40	Pernude.		r. de la Santé, 39, aux *Batignolles.*
65	Petitgars. . . .		r. de la Michodière, 7, à *Paris.*
24, 26	Pomarède et Le-febvre.		r.
44	Remy.		r. du Temple, 209, *Paris.*
42	Santillon. . . .	P.	à Nanteuil le Hardouin (*Oise*).
50, 52	Simon-Bertrand		barrière de Montreuil, 2
17	Sylvestre-Picot.		à *Ivry* (*Seine*).
59 *bis*	Thévenin. . . .		marché St-Honoré, 27, à *Paris.*
69	Truelle aîné. . .	V-G.	r. de Bercy, 84, à B*ercy.*
47	Truelle jeune. .		r. M-le-Prince, 25, *Paris.*
52	Védrème	P.	à Fumel (*Lot-et-Garonne*), représenté par M. Bruguière, à *Paris*, r.

NUMÉROS des Magasins	LOCATAIRES.	Profes-sions.	DOMICILES.

COUR BAUDOUIN (maison ALLEGRI), *Port*, 50.

Régisseur-Gérant, M. BAUDOUIN, *y demeurant.*

NUMÉROS des Magasins	LOCATAIRES.	Profes-sions.	DOMICILES.
48	Benoît..		r. Quincampoix, 67, *Paris.*
46	Billard		r. du Jour, 12, et Mont-martre, 9, à *Paris.*
20 *bis*	Blavet.		r. St-Martin, 117, à *Paris.*
19	Bourniche . . .	épicier	faub. St-Martin, 102, id.
41 *bis*	Boynet.	D.	r. St-Joseph, 5, à *Paris.*
20	Bernard.		faub. St-Honoré, 95, *Paris.*
22 *bis*	Coquet.		barrière Blanche.
42	Crépu-Gentil . .	V-G.	Port, 69, à *Bercy.*
24	Crépu jeune.. .		r. de la Verrerie, 70, *Paris.*
45	Diard.	V-B.	r. St-Honoré, 295, *Paris.*
39	Fillot.	D.	r. Charlot, 3, à *Paris.*
3, 10	Fleutelot. . . .	D.	q. des Ormes, 22, à *Paris.*
14	Gallais		r. de Valois, 7, à *Paris.*
19 *bis*	Galopin.	D.	avenue des Champs-Ély-sées, 59, à *Paris.*
32 *bis*	Gloux.	V-G.	r. V-du-Temple, 17, *Paris.*
32, 34	Godard.		r. Lavandières-Ste-Oppor-tune, 4-10, à *Paris.*
33	Godefroy. . . .		Cb.-d'Antin, 45, à *Paris.*
4, 6	Jacquelin. . . .	V-G.	r. St-Antoine, 113, *Paris.*
49	Labalme	V-G.	r. St-Paul, 27, à *Paris.*
41	Laffineur. . . .	V-G.	à Beauvais (*Oise*).
64	Lagrange. . . .	P-R.	à Mâcon (*Saône-et-Loire*).
35	Laignel.	D.	r. de Lancry, 16, à *Paris.*
26, 26 *b.*	Lebel jeune.. .		r. Fontaine-Molière, 25, à *Paris.*
31	Lemoine	D.	r. de la Féronnerie, 29, à *Paris.*
66	Lemonnier. . .		r. Grétry, 4, à *Paris.*
47, 50	Lobel aîné.. . .		r. Mazarine, 40, à *Paris.*
21	Milcent.	D.	r. de Paris, à *Belleville*, 6.
1, 3, 5, 7, 9, 10	Morel.	V-G.	r. Hauteville, 3, à *Paris.*
13	Nérald Courtois	V-G.	à Cette (*Hérault*).
23 *bis*	Petitpas.. . . .	D.	r. Charonne, 42, à *Paris.*
33	Suret-Florentin	D.	r. Montmorency, 38, *Paris.*

NUMÉROS des Magasins	LOCATAIRES.	Professions.	DOMICILES.
62	Talmont....	Nou-veauté	r. Beauregard, 8, à *Paris*.
55	Tassus. . . .	D.	r. des Vosges, 10-13, *Paris*.
43	Trutin.. . . .		r. Montmartre, 158, *Paris*.
36	Vinkler. . . .		r. de Valois, 22, à *Paris*.

ENTREPOT CABANIS, *Port*, 58.

M. FOUILLOUX, *gérant de l'entrepôt Cabanis, Port, 58, n'ayant voulu nous donner aucun renseignement, il nous est impossible de donner les noms de tous les locataires de cette maison.*

	LOCATAIRES.	Professions.	DOMICILES.
	Allain (A.) (*N.C.*)	V-G.	boul. Beaumarchais, 93, à *Paris*.
	Boullay père et fils.	V-G.	boul. du Temple, 36, à *Paris*.
	Claparède (J.-B.)	V-G.	r. d'Amboise, 5, à *Paris*.
	Decombe (A.). .	V-G.	pl. Royale, 26, à *Paris*.
	Desbland fils. .	V-G.	r. St-Paul, 21, à *Paris*.
	Duchamp. . . .	V-G.	r. des Vieux-Augustins, 51, à *Paris*.
	Gueudet et Mailho.	V-G.	r. Bourbon-Villeneuve, à *Paris*.
	Huret.	V-G.	r. Jacob, 8, à *Paris*.
	Lafont (v^e). . .	V-E-V.	faub. Poissonnière, 50, à *Paris*.
	Leblanc et Ce. .	V-G.	r. Mazagran, 16, à *Paris*.
	Lebel.	V-G.	r. de Bracque, à *Paris*.
	Loisson.	V-E.	r. de la Femme-sans-Tête, 4 (île St-Louis), *Paris*.
	Reugeval. . . .	V-E.	r. Guisarde, 16, à *Paris*.
	Rossignol. . .	V-G.	r. Volta, 39, à *Paris*.
	Trappier. . . .	G-D.	r. d'Argenteuil, 49, *Paris*.
	Vautier. . . .	G-D.	r. Popincourt, 74, à *Paris*.

ENCLOS DES MACONNAIS, *Port*, 67.

Gérant, M. CANAL, *y demeurant.*

(*Même observation que pour l'entrepôt Cabanis.*)

	LOCATAIRES.	Professions.	DOMICILES.
	Champroux. . .	V-G.	boul. Beaumarchais, 56, à *Paris*.
	Delevingne. . .	V-G.	faub. St-Honoré, 49, *Paris*.

NUMÉROS des Magasins	LOCATAIRES.	Professions.	DOMICILES.
	Duriaux.	V-G.	r. des Fossés-St-Bernard, 26, à *Paris.*
	Gillet.	V-G.	r. Vieille-du-Temple, 126, à *Paris.*
	Haouët.	V-G.	r. des Marais-St-Martin, 8, à *Paris.*
	Isambart. . . .	V-G.	r. de Charenton, 72, et Traversière, 40, *Paris.*
	Legoux.	V-E.	r. Ste-Anne, 43, à *Paris.*
	Londe (F.) et Carrichon. . .	V-G.	q. de la Tournelle, 21, à *Paris.*
	Naudin.	V-G.	r. de Chabrol, 19, à *Paris.*
	Picou jeune et Moullé jeune.	V-G.	Port, 66, à *Bercy.*
	Sautiquet. . . .	V-G.	r. Beauregard, 6, à *Paris.*

ENTREPOT HUGOT (F.), *rue de Bercy,* 11.

NUMÉROS des Magasins	LOCATAIRES.	Professions.	DOMICILES.
	Albert.		r. Gérard, 12, *barrière Fontainebleau.*
	Barrillot.		r. de Charenton, 57, *Paris.*
	Benoit jeune. .		r. de Charenton, 57, *Paris.*
	Blondé..		r. de la Barillerie, 5, *Paris.*
	Bonifat.	P-R.	à Cadillac, près Bordeaux (*Gironde*).
	Closquinet.. . .		boul. des Filles du Calvaire, 18, à *Paris.*
	De la Tour (comtesse).	P-R.	à Artiguès, près Bordeaux, et à *Paris,* rue de la Victoire, 84.
	Gilbrin.		faub. St-Antoine, 117, à *Paris.*
	Hugot (L.).. . .		r. St-Martin, 202, à *Paris.*
	Lachainé. . . .	épicier	r. du Val Ste-Catherine, 19, à *Paris.*
	Laisné.		boul. Beaumarchais, à *Paris.*
	Marq. Fournier.	Vins f.	r. de la Femme-sans-Tête, 4, à *Paris.*
	Montchanin. . .	P-R.	à Regnié (Rhône), et rue de Varennes, 40, *Paris.*
	Nicaise.		r. de la Harpe, 60, *Paris.*

9.

NUMÉROS des Magasins	LOCATAIRES.	Professions.	DOMICILES.
	Poichet.		r. St-Antoine, 14, *Paris*
	Provost (A.). . .	V-G.	r. Miromesnil, 8, à *Paris.*
	Ronse.	restaur	pl. des Italiens, 1, à *Paris.*
	Sacrez.		r. de la Vannerie, 12, à *Paris.*
	Savigny.		r. du Pas-de-la-Mule, 7, à *Paris.*

MAISON TEISSONNIERE et Cie , *boul. de la Râpée*, 10.

NUMÉROS des Magasins	LOCATAIRES.	Professions.	DOMICILES.
	Deniselle. . . .	V-G.	r. Montorgueil, 55, *Paris.*
	Montret.	V-G.	r. du Temple, 15, *Paris.*
	Sellers et Ce. . .	V-G.	cour Nemours (*Palais-Royal*).
	Siméon.	V-G.	passage Sainte-Avoye, 2, à *Paris.*

COUR CANONGE, *boulevard de la Râpée*, 10, 4.

NUMÉROS des Magasins	LOCATAIRES.	Professions.	DOMICILES.
	Blondeau. . . .	V-G.	
	Bourgeois. . . .	V-G.	r. Soulages, 22, à *Bercy.*
	Duème.	V-G.	boul. Beaumarchais, , à *Paris.*
	Durand.	V-G.	
	Goudouneau. . .	V-G.	barrière Reuilly, 22 , à *Bercy.*
	Mathieu.	D.	r. Angoulême du Temple, 27, à *Paris.*
	Porte.		
	Thomas.		

MAGASINS DIVERS.

MAGASINS.	PROPRIÉTAIRES.	DOMICILES.
r. Gallois, 20	Berthier frères.	q. Béthune, 18, *Paris.*
A la Vierge, route de Charenton	Boileau (P.)	r. des 3 Bornes, *Paris.*
r. de Bercy, 62	Champroux	boul. Beaumarchais, 54-56, *Paris.*
maison Gallois, 23	Chappe	r. Charenton, 54-60, *Bercy.*
r. d'Orléans, 89	Cesselin	r. Bergère, 13, *Paris.*
Port, 4	Doubey	pl. Royale, 11, *Paris.*
»	Delpierre	rue Gessaint, 30, *à la Chapelle St-Denis.*
	(Vins de Bourgogne, de Bordeaux et de Macon; Vins fins Français et Etrangers; Eaux-de-vie, Rhum, Kirch, Vermouth, Liqueurs de toutes sortes, et Vinaigres.	
r. de Bercy, 8	Drouhin (Ch.)	boul. du Temple, 18, *Paris.*
Port, 64	Duriaux	r. des Fossés-St-Bernard, *Paris.*
r. d'Orléans, 42	Gobert	r. des Fossés-du-Temple, 12, *Paris.*
»	Jame	av. des Champs-Elys., 142, *Paris.*
	(Vins en cercles et en bouteilles, Vins fins, Vins de champagne, Eaux-de-vie. Rhum, Kirch, Absinthe. Vermouth. Liqueurs de toutes sortes. (Gros, demi-gros et détail.)	
r. Soulages, 7	Jazerand fils et Priuguet	r. Saint-Antoine, 95, *Paris.*
Boul. de la Râpée, 5.	Juillard	r. Neuve-St-Paul, 19, *Paris.*
r. Gallois	Labourmène (A) (*N. C.*)	r. Rivoli, 18, *Paris.*
rue de Bourgogne, 2.	Lachouillé, *Vins et Eaux-de-vie en gros*	r. du Théâtre, 85, à *Grenelle* (Seine).
Port, 71	Lasnier aîné	r. Saint-Guillaume, 6, *Paris.*
	Morel	r. de Charen. 106, *Bercy*

GARE D'IVRY

(SEINE).

GARE D'IVRY

(SEINE).

BOIS ET CHARBONS (Mds de).

Alexandre (L), maison de commerce et de commission ; bois à ouvrer de toute espèce (voy. *Marchands de Tuiles*), quai de la Gare, 6.

Allaire (Armand), bois de sciage, quai de la Gare, 78.

Breuil frères, commissionnaires en bois (*Chantier des Peupliers*), quai de la Gare, 68.

Brière (A.), charbon de terre de Mons et Charleroy, charbon de bois de l'Yonne, quai de la Gare, 14.

Brière (F.), bois de charpente et de sciage, quai de la Gare, 92, et boulev. de la Gare, 3.

Charpentier commissionnaire (*Chantier Forrain*), quai de la Gare, 66.

Clair et Comp., commissionnaires en charbons de bois, quai de la Gare, 12.

Coudière, bois à bateaux, quai de la Gare, 22.

Dissaubray, commissionnaire en bois de charpente, sciage et charonnage ; grand dépôt de bois à brûler, charbons en gros et détail, quai de la Gare, 10.

Gillot et Tissier, bois divers, quai de la Gare, 50.

Juliard (*Chantier de la Gare d'Ivry*), bois à brûler au poids et à la mesure, quai de la Gare, 30.

Lafont, marchand de bois, quai de la Gare, 50.

Lassagne (Pierre), bois à bateaux, quai de la Gare, 30.

Magnan (Vᵉ), charbon et coke, quai de la Gare, 80.

Mariotte, commissionnaire en bois de sciage et charpente, quai de la Gare, 60, à Ivry, et à Paris, quai de la Râpée, 36.

Picard, marchand de bois, boulev. de la Gare, 11.

Ravot, bois de charpente, quai de la Gare, 80, et à Paris, quai de la Râpée, 45.

Ricaut, marchand de bois; entrepositaire, quai de la Gare, 90.

Tillier, bois de sciage, quai de la Gare, 78.

BONNETERIE.

Norel, quai de la Gare, 30. (V. *Nouveautés.*)

BOUCHERS.

Guéret, quai de la Gare, 34.

BOULANGERS.

Dupuis, quai de la Gare, 26.

Letourneur, boulev. de la Gare, 2.
Waast, quai de la Gare, 18.

BOURRELIERS-SELLIERS.

Belfont, quai de la Gare, 14.
Gastellier (A.), quai de la Gare, 32.
Tissot aîné, quai de la Gare, 34.

CHARCUTIERS.

Lecoq (Vᵉ), quai de la Gare, 14.
Maillard, boulev. de la Gare, 1.

CHARGEURS DE FUTAILLES.

Chaumier, quai de la Gare, 24.
Lalandre, quai de la Gare, 34.

CHARRONS-FORGERONS.

Gillet, quai de la Garre, 44.

CHAUX (Fab. de).

Bilbile, quai de la Gare, 62.

CIMENT ROMAIN.

Alexandre (L.), quai de la Gare, 6.

CLOUS D'ÉPINGLE (Fab. de).

Quillet-Hannotin et Comp., quai de la Gare, 62.

COIFFEURS.

Damiens, quai de la Gare, 74.
Saffrey, quai de la Gare, 4.

CORDIERS.

Husson fabricant de cordages de marine, câbles pour carrières et autres, quai de la Gare, 6.

CORDONNIERS.

Guibert, quai de la Gare, 42.

COULEURS.

Baziret, quai de la Gare, 24. (V. *Peintres-vitriers.*)

DOCKS.

Docks de la gare d'Ivry, quai de la Gare, 56-58-60.

ENTREPOTS POUR TOUTES MARCHANDISES.

Baugnet, quai de la Gare, 88.

Entrepôt de la gare d'Ivry, quai de la Gare, 10 ; régisseur-gérant, M. Liquière ; gardien, Leriche.

ÉPICIERS.

Buirre, quai de la Gare, 22.
Chailly, quai de la Gare, 22.
Gaillon-Bouveau, quai de la Gare, 6.
Marotte, quai de la Gare, 19.

FRUITIERS.

Huzard, quai de la Gare, 68.
Linguet, quai de la Gare, 32.
Morel (Vᵉ), quai de la Gare, 16.

GRAINETIERS.

Mirableau, quai de la Gare, 18.

HOTELS-MEUBLÉS.

Cropet, hôtel du Canal, quai de la Gare, 28.
 (V. *Limonadiers.*)

LIMONADIERS.

Cropet, quai de la Gare, 28. (V. *Hôtels.*)
Dussautay, quai de la Gare, 8. (V. *Restaurateurs.*)
Grimon, café de la Terrasse, quai de la Gare, 6.
 (V. *Restaurateurs.*)
Miot, café du Roulage, quai de la Gare, 12.

LINGERIE ET MERCERIE.

Norel, quai de la Gare, 30. (V. *Bonneterie.*)

LOCATION DES CHANTIERS.

Bureau, quai de la Gare, 70.

MAISONS DE CONFECTION.

Dreyfus, quai de la Gare, 64.

MARÉCHAUX EXPERTS.

Aguesse, ex-maréchal de cavalerie, quai de la
 Gare, 38.
Lorin, quai de la Gare, 18. (V. *Quincailliers.*)

MÉDECINS.

Gocheraud, quai de la Gare, 22.

NOUVEAUTÉS.

Clarisse (*Aux Dames d'Ivry*), quai de la Gare, 12.
Norel, quai de la Gare, 30. (V. *Lingerie.*)

PAPETIERS.

Anonyme, quai de la Gare, 22.

PAPIERS PEINTS.

Baziret, quai de la Gare, 24. (V. *Couleurs.*)

PAPIERS TIMBRÉS.

Brébant, boulev. de la Gare, 5.

PEINTRES VITRIERS.

Baziret, quai de la Gare, 24. (V. *Papiers-peints.*)

PENSIONS-EXTERNATS.

Boyer (Mme), externat de jeunes filles, quai de la
Gare, 16.

PHARMACIENS.

Schaedlin, quai de la Gare, 16.

PRODUITS CHIMIQUES.

Camus et Comp., boulev. de la Gare, 15.
Drouyn, quai de la Gare, 60.

QUINCAILLIERS.

Lorin, quai de la Gare, 18. (V. *Maréchaux.*)

RESTAURATEURS.

Cropet, quai de la Gare, 28. (V. *Hôtels.*)

Dussautay, quai de la Gare, 8.

Grimon, quai de la Gare, 6. (*A la Terrasse.*)

ROULAGES.

Barrant et Mermillot, camionage et transit, quai de la Gare, 32.

Normand et Duplessis, transit et commission, quai de la Gare, 12.

SCIERIE MÉCANIQUE.

Dorigny, quai de la Gare, 70.

SERRURIERS.

Missonnier, quai de la Gare, 28.

Tricard, quai de la Gare, 18.

TABACS. (Débits de).

Brébant, boulev. de la Gare, 5.

Durand, quai de la Gare, 88.

Picard (Charles), quai de la Gare, 30.

TAILLEURS.

Kloster, quai de la Gare, 24.

TUILES ET ARDOISES.

Alexandre (L.), tuiles, carreaux de Bourgogne, briques réfractaires, ardoises d'Angers (Maine-et-Loire), lattes et voliges (voy. *Ciment romain*), quai de la Gare, 6.

Fouinat, tuiles et briques, quai de la Gare, 16.

Roussel et Louvrier, tuiles briques et carreaux de Bourgogne, quai de la Gare, 20.

VINS ET EAU-DE-VIE.

Baudron fils, quai de la Gare, 76.

Clouzard, goudron pour la marine, quai de la Gare, 38.

Ponthet (Th.) et Cie, commissionnaires, entrepôt de vins et eaux-de-vie, quai de la Gare, 56.

VINS TRAITEURS (Mds. de).

Bachelet, quai de la Gare, 78.

Billaud, quai de la Gare, 32.

Bossu, quai de la Gare, 14.

Boutefray, quai de la Gare, 68.

Daudanne fils, quai de la Gare, 1.

Delfein, quai de la Gare, 60.

Durand, quai de la Gare, 88.

Ecochard, quai de la Gare, 6.

Fortin, quai de la Gare, 98.

Gavaret, quai de la Gare, 18.

Grassot, quai de la Gare, 32.

Genty (Louis), quai de la Gare, 4.

Ginisty, quai de la Gare, 6.

Lenoble, quai de la Gare, 72.

Miot, aubergiste, quai de la Gare, 12.

Musset, logeur, quai de la Gare, 38.

Moynat (Laurent), quai de la Gare, 60.

Navet, quai de la Gare, 87.

Petitjean, quai de la Gare, 78.

Regnard (Charles), quai de la Gard, 86.
Richard, quai de la Gare, 20.
Rouget, logeur, quai de la Gare, 16.
Rousseaux (Alex.), quai de la Gare, 56.
Souleliac, quai de la Gare, 8.
Thiébault, quai de la Gare, 68.
Vitry, quai de la Gare, 12.

VOITURIERS.

Fiévet (Louis), transitaire, quai de la Gare, 38.
Granger, quai de la Gare, 10.

RENSEIGNEMENTS

D'UTILITÉ GÉNÉRALE.

Renseignements d'utilité générale.

—

BANQUE DE FRANCE

Rue de la Vrillière, 1 et 3, à Paris.

Gouverneur : M. Argout (d'), G. ✳.
Sous-Gouverneurs : MM. Gautter, C. ✳.
Vernes (B.), C. ✳.

La Banque de France a, par les lois des 24 germinal an XI, du 22 avril 1806 et du 30 juin 1840, le privilége d'émettre seule des billets de banque jusqu'au 31 décembre 1867.

Les opérations de la Banque consistent 1° à escompter des effets de commerce à ordre, timbrés, à trois signatures, et ayant jusqu'à trois mois d'échéance ; elle peut admettre néanmoins les effets à deux signatures, moyennant un transfert d'actions de banques ou d'effets publics français ; la Banque admet les effets sur Paris, Amiens, Angers, Angoulême, Avignon, Besançon, Bordeaux,

Caen, Châteauroux, Clermont-Ferrand, Grenoble, le Havre, le Mans, Lille, Limoges, Lyon, Marseille, Metz, Montpellier, Mulhouse, Nancy, Nantes, Nîmes, Orléans, Rennes, Reims, la Rochelle, Rouen, Saint-Étienne, Saint-Quentin, Strasbourg, Toulouse, Troyes, Valenciennes ; 2° à faire des avances sur effets publics français à échéance déterminée ; 3° à faire des avances sur les effets publics français à échéance non déterminée (loi du 17 mai 1834 et ordonnance du 15 juin suivant) ; 4° à faire des avances sur lingots et monnaies d'or et d'argent ; l'intérêt de ces derniers prêts est de 1/10° p. 100 pour dix-huit jours ; on ne prête pas moins de 10,000 fr. ; 5° à émettre des billets à vue et au porteur et des billets à ordre transmissibles par la voie de l'endossement ; des billets à ordre sont délivrés moyennant un change de place de 1|1000° ; 6° à recevoir en garde les titres, les effets publics nationaux et étrangers, au porteur ou nominatifs, les diamants, moyennant un droit de garde de 1|8° p. 0/0 de la valeur pour chaque période de six mois. La Banque ne reçoit pas en garde d'argenterie.

Pour être admis au compte courant et à l'escompte, il faut en faire la demande par écrit au

gouverneur, et l'accompagner d'un certificat
dont la Banque délivre la formule ; il y a une
formule particulière pour les sociétés anonymes.
— La Banque ne reçoit pas d'opposition sur les
sommes en compte courant. On peut céder
l'usufruit des actions de la Banque et disposer séparément de la nu-propriété.

Les actions peuvent être immobilisées par la
déclaration du propriétaire, et elles deviennent
sujettes aux lois qui régissent les immeubles. La
loi du 17 mai 1834 accorde la faculté de remo-
biliser les actions qui auraient été immobilisées.

La Banque escompte tous les jours non fériés.

Le taux de l'escompte est déterminé par le
conseil général de la Banque, il est aujourd'hui
à 4 p. 0/0.

*Succursales de la Banque où se font les mêmes
opérations qu'à la Banque même.* Reims, Saint-
Étienne, Saint-Quentin, Montpellier, Grenoble,
Angoulême, Caen, Clermont-Ferrand, Château-
roux, Besançon, Mulhouse, le Mans, Strasbourg,
Valenciennes, Nîmes, Bordeaux, le Havre, Lille,
Lyon, Marseille, Nantes, Orléans, Rouen, Tou-
louse, Metz, Limoges, Angers, Rennes, Troyes
et Avignon.

BOURSE DE PARIS.

Ouverte de 1 heure à 5 heures.

Commissaire : M. Hubaut jeune ✳, r. Rumfort, 12.

Les affaires de la Bourse se terminent à 3 heures, mais la salle n'est fermée qu'à 5 heures 1/4. — La Bourse est ouverte à tous les citoyens jouissant de leurs droits politiques et aux étrangers, mais le parquet est interdit à tout autre qu'aux agents de change.

Agents de change près la Bourse de Paris

(Nombre limité à soixante).

Chambre syndicale : Billaud (A.) ✳, *syndics,* Goubie aîné, Lagarde, Tattet fils aîné, Rodrigues (Henri) ✳, Hubert, David, *adjoints au syndic,* Solliers (Victor), *agent comptable et secrétaire de la Chambre.*

La Chambre tient ses séances, r. de Ménars, 6.

1844. Allibert (P.), r. de la Victoire, 34.
1848. Archdéacon (Edme), r. de Provence, 72.

1852. Bagier, r. de Provence, 45.

1850. Basire (L.) ✳, r. de Grammont, 13, domicile, r. Neuve-des-Mathurins, 42.

1841. Bassery (J.), r. Louis-le-Grand, 17.

1852. Bejot, r. Richelieu, 79.

1844. Bertin (Eugène), r. de Provence, 30.

1833. Billaut (A.) ✳, r. de la Michodière, 8.

1836. Blerzy, pl. de la Bourse, 6, domicile rue d'Antin, 10.

1847. Chartier (A.), r. Vivienne, 22.

1852. Chauffert, r. Saint-Georges, 23, domicile r. Saint-Lazare, 27.

1845. Coin, r. Taitbout, 28, domicile r. Basse-du-Rempart, 6.

1847. Courpon (H.), r. Ne-des-Petits-Champs, 50.

1842. Coittaut-Borderieux (L.), r. Saint-Lazare, 24.

1843. Cuilliered-Dupont (J.) O. ✳, r. Drouot, 8.

1827. Dabrin O. ✳, r. Ne-Saint-Augustin, 31.

1837. David (C.), r. Ne-Saint-Augustin, 10.

1826. Delaville le Roux (J.-L.), r. Laffitte, 8.

1838. Doazan (J.), r. Lepelletier, 23.

1852. Dubois (Eug.), r. de Ménars, 8.

1852. Du Bos ✳, cité d'Antin, 11.

1848. Dupré, r. de la Banque, 17.

1850. Duval-Destains, r. Rossini, 1.

1845. Empaire (A.), r. Hauteville, 8, bureaux
      r. Saint-Georges, 2 *bis.*
1841. Fauche (G.), r. Drouot, 18.
1852. Geoffroy, r. de Provence, 65.
1820. Gibert (Arthur), r. Saint-Georges, 5, do-
      cile, r. Nᵉ-de-Berry, 27.
1835. Goubié aîné, r. Richelieu, 79, domicile,
      pl. Vendôme, 12.
1837. Grandjean (Henri), cité Bergère, 10.
1847. Guyet, r. de la Chaussée-d'Antin, 21, bu-
      reaux r. du Port-Mahon, 6.
1845. Honoré, r. de Ménars, 6, domicile au 4.
1827. Habert, bureaux, r. Notre-Dame des Vic-
      toires, 14, domicile, r. de Londres, 24.
1853. Julien (J.-P.), r. de Ménars, 12.
1832. Lagarde, pl. de la Bourse, 9.
1852. Lambert, bureaux pl. de la Bourse, 11,
      domicile r. Taitbout, 35.
1837. Laurent (A.), r. Notre-Dame des Victoi-
      res, 38, domicile r. de Tivoli, 13.
1839. Lepel-Cointet ✳, r. de Hanovre, 6.
1840. Leroy, r. Saint-Florentin, 11.
1844. Mabire, r. de Grammont, 11.
1840. Manuel ✳, r. de Clichy, 48.
1824. Moreau, r. Montmartre, 129.
1849. Munster ✳, r. de Provence, 31.
1849. Nozay, r. Richelieu, 108.

1851. Pollet, r. de Grammont, 23.
1838. Pomme, r. Richelieu, 79.
1841. Reynart, r. Notre-Dame des Victoires, 32.
1846. Rigaud (J.-A.), r. N^e-Saint-Augustin, 20.
1853. Roblot (A.), r. de Hanovre, 17.
1851. Roche, pl. de la Bourse, 8.
1840. Rodrigues (Hipp.), r. de la Victoire, 12.
1835. Rodrigues (Henriquès) ✳, r. de la Chaus-
        sée-d'Antin, 28.
1849. Rougemont (Eug.), r. de Ménars, 6.
1846. Sauterre (Ernest), r. de Provence, 21, do-
        micile, r. Grange-Batelière, 8.
1846. Sarchi (Philippe), r. Rougemont, 14.
1853. Tavernier, r. Richelieu, 79.
1825. Tattet fils aîné ✳, r. Lepelletier, 29.
1852. Vacheron (J.), r. Lepelletier, 9.
1849. Vatel, r. Grange-Batelière, 18.
1846. Veyrac, r. de Ménars, 9.
1845. Vierpra-Molino, r. Grange-Batelière, 11,
        domicile, r. Saint-Georges, 43.

Comptoir national d'Escompte de Paris.

Rue Bergère, 14, à Paris.

Cet établissement (*duquel dépendent des sous-comptoirs et des magasins généraux*), créé par décret des 7 et 8 mars 1848, est administré par un conseil composé de 15 membres, indépendamment d'un directeur et d'un sous-directeur, qui sont :

MM. Biesta (Hippolyte) ✳, *directeur.*
Piard (A), *sous-directeur.*

Il y a de même un conseil d'escompte, composé par spécialité d'industrie, et nommé par le conseil d'administration, qui détermine le nombre de ses membres. — Les opérations du comptoir consistent :

1° A escompter les effets de commerce timbrés à deux signatures et jusqu'à 105 jours d'échéance sur Paris et sur les villes où la Banque a des succursales ;

2° A escompter les effets de commerce à deux signatures sur les départements et l'étranger jusqu'à 65 jours d'échéance ;

3° A recevoir en compte courant les sommes qui lui sont versées et qui produisent un intérêt fixé par le conseil d'administration, et à payer les dispositions faites sur le comptoir, jusqu'à concurrence des sommes déposées (*l'intérêt bonifié sur les sommes déposées en compte courant est aujourd'hui de 2 p. 0/0 l'an*);

4° A escompter les récépissés constatant le dépôt de marchandises dans les magasins généraux de l'État, conformément au décret du 21 mars 1848 et à l'arrêté du ministre des finances du 26 du même mois.

5° A escompter à tous comptoirs de garanties institués près de lui les effets qu'ils endossent moyennant des sûretés qui leur sont données par voie de nantissement sur marchandises, récépissés des magasins de dépôt, titres, actions de chemin de fer et autres valeurs à *droits incorporels,* ainsi qu'au moyen de garanties hypothécaires.

L'admission à l'escompte et au compte courant doit être demandée par lettre affranchie au directeur.

L'escompte s'y fait tous les jours (*excepté les jours fériés*), de 9 heures du matin à 4 heures du soir. Le taux de l'escompte est déterminé par l'administration.

Les magasins autorisés pour Paris sont entre autres :

1° Pour les vins et liquides, l'Entrepôt général ;

2° Et pour toutes autres marchandises, à l'*Entrepôt de la Douane et aux Docks Napoléon.*

Caisse commerciale,

Boulev. Poissonnière, 17, à Paris.

Raison sociale : Bechet, Dethomas et comp.

Cette société est en commandite, fondée pour 25 années, à dater du 26 mars 1846 ; les opérations consistent à escompter des valeurs commerciales, à faire des avances sur dépôt de titres négociables, à ouvrir des comptes courants, à traiter d'emprunts et de concessions administratives.—Comptoir spécial de consignation, ventes et achats de marchandises.

Les caisses de recettes et payements sont ouvertes de 9 heures du matin à 4 heures du soir.

Comptoir hypothécaire,

Rue Joubert, 24, à Paris.

M. POIETEVIN, *directeur*.

Banque et recouvrements, — escompte de valeurs de banques, — placements sur hypothèques,
— achat de créances, — ventes et échanges d'immeubles et avances sur marchandises, actions,
titres de rentes et autres.

Tribunal de commerce,

Palais de la Bourse, à Paris.

Ce tribunal tient ses audiences les mardi, jeudi
et vendredi de chaque semaine, à 10 heures pour
les causes sommaires, et le mercredi aussi à
10 heures du matin pour les causes en ouverture
de rapport d'arbitres. — *Audiences du grand
rôle*, le lundi à 11 heures du matin.

M. LEDAGRE, ✳, *président*.

Les tribunaux de commerce connaissent :

1° De toutes les contestations relatives aux engagements et transactions entre négociants, marchands et banquiers ;

2° Entre toutes personnes, des contestations relatives à des actes de commerce (les articles 632 et 633 du Code de commerce indiquent ce qu'on doit entendre par acte de commerce) ;

3° Ils connaissent également 1° des actes contre les facteurs, commis des marchands ou leurs serviteurs pour le fait seulement du trafic du marchand auquel ils sont attachés ; 2° des billets faits par les receveurs, payeurs, percepteurs et autres comptables de deniers publics ; 3° de toutes les contestations relatives aux faillites ;

4° Les tribunaux de commerce jugent en dernier ressort toutes les demandes dont le principal n'excède pas 1,500 fr. — Sur les demandes reconventionnelles ou en compensation, lors même que, réunies, elles excèdent 1,500 fr. — Toutes celles où les parties justiciables de ces tribunaux, en usant de leurs droits, ont déclaré être jugées définitivement et sans appel.

Ces tribunaux n'ont point de vacances, et ont la même cour d'appel que les tribunaux de première instance de leurs départements.

AGRÉÉS PRES LE TRIBUNAL DE COMMERCE

MM. Baudouin, place de la Bourse, 15.
Beauvais (Doyen), r. Notre-Dame-des-Victoires, 32.
Bordeaux, r. Notre-Dame-des-Victoires, 42.
Cardozo (Hippolyte), r. Vivienne, 34.
Delenze, r. Montmartre, 146.
D'Ilan (Victor), r. Ménars, 12.
Fréville, ✳, r. Saint-Marc-Feydeau, 36.
Jametel, r. Laffitte, 7.
Lan (J.), Chaussée-d'Antin, 22.
Petijean, r. Montmartre, 134.
Prunier, r. Montmartre, 72.
Rey, r. Croix-des-Petits-Champs, 25.
Schayé, ✳, faub. Montmartre, 10.
Tournadre, r. Louvois, 10.
Vanier, r. Neuve-Saint-Augustin, 11.

MINISTÈRES.

—

Intérieur,

Rue de Grenelle-Saint-Germain, 99-101.

Le bureau d'enregistrement du secrétariat général donne, les mardis et jeudis, des renseignements sur les affaires transmises au ministère.

Agriculture, Commerce et Travaux publics,

Rue Saint-Dominique, 62-64.

Les bureaux sont ouverts au public, les mardis et vendredis, de 2 à 4 heures.

Affaires étrangères,

Quai d'Orsay.

Guerre,

Rue Saint-Dominique, 82.

Le public est admis les mercredis et vendredis,

de 2 à 5 heures, à la section de l'enregistrement et des renseignements.

Marine et colonies,

Rue de la Concorde, 2.

Les bureaux sont ouverts au public, de 2 à 5 heures, les jeudis.

Instruction publique et Cultes,

Rue Grenelle-Saint Germain, 116.

Finances,

Rue de Rivoli, 18.

Ouvert tous les jours au public, de 10 à 4 heures.

DIRECTIONS QUI EN DÉPENDENT,

Contributions directes, — enregistrement et domaines, — douanes et conservation des hypothèques, — contributions indirectes et tabacs, — forêts, monnaies, — caisse d'amortissement, de dépôts et consignations, — postes.

Justice,

Place Vendôme, 13.

Le public est reçu dans les bureaux, r. Neuvedu-Luxembourg, 22, les vendredis, de 2 à 4 heures. — Le bureau des légalisations est euvert tous les jours, de midi à 2 heures.

Ministère d'État,

Palais des Tuileries.

Des audiences particulières sont accordées par le ministre, ainsi que par le secrétaire général, en indiquant l'objet.

Grande Chancellerie de la Légion-d'honneur,

Rue de Lille, 70.

Les bureaux sont ouverts au public, les mercredis, de 2 à 4 heures.

ENREGISTREMENT.

Nature des actes les plus utiles et droits auxquels ils sont soumis par le fait même de leur nature.

— Les droits d'enregistrement sont suivant la nature des actes et les mutations qui y sont assujettis, fixes ou proportionnels.

— Droit fixe. — Il s'applique aux actes, soit civils, soit judiciaires ou extrajudiciaires, qui ne contiennent ni obligations, libérations, condamnations, confiscations ou liquidations de sommes ou valeurs, ni transmissions de propriétés, d'usufruits, de jouissances de biens, meubles ou immeubles.

— Droit proportionnel. — Il est assis sur les valeurs et établi pour les obligations, libérations, condamnations, collocations ou liquidations des sommes et valeurs, ainsi que pour toutes transmissions de propriétés, d'usufruits ou de jouissances de biens, meubles et immeubles, soit entre vifs, soit par décès.

Délais. — Doivent être enregistrés dans les trois mois de leur création les actes sous seing privé, translatifs de propriétés ou d'usufruits d'immeubles, les baux à ferme ou à loyer, — sous-baux, cessions et subrogations de baux, — engagements d'immeubles, ainsi que le testament (*s'il court à compter du délai du testateur*).

Quand aux déclarations de successions, elles doivent être faites dans les six mois du décès, lorsque celui dont on recueille la succession est décédé en France. Il est accordé huit mois s'il est décédé en Europe ; un an s'il est mort en Amérique, et deux ans si le décès a eu lieu en Asie.

PÉNALITÉ. — La peine à défaut d'enregistrement dans les délais fixés par la loi est : la condamnation au payement du double droit.

Droits fixes à 2 fr.

Sont soumis au droit fixe de 2 fr. les actes ci-après :

Abstentions, répudiations, renonciations à successions et legs aux communautés lorsqu'elles seront pures et simples, si toutefois elle ne sont pas faites en justice (*ce droit fixe de 2 fr. est dû alors pour chaque renonçant et pour chaque succession à laquelle on renonce*) ; acceptations de successions et legs de communautés lorsqu'elle est pure et simple (*il est de même dû alors, un droit pour chaque acceptant et chaque succession*) ; acceptations de transports ou délégations de créances à terme par acte séparé (*mais seulement lorsque le droit proportionnel a été acquitté pour le transport sur la délégation et celles qui se font dans les actes mêmes*) ; autorisations pures et simples, — consentement purs et simples, — décharges pures et simples et récépissés de pièces,

— déclarations pures et simples en matière civile
ou de commerce, — désistements purs et simples,
— lettres missives ne contenant ni obligations,
ni quittances, ni aucune autre convention donnant lieu aux droits proportionnels, — nomina-
tions d'experts *hors jugement*, — prêts sur dépôts ou consignations de marchandises, — fonds
publics français et actions des compagnies, —
procurations et pouvoirs pour agir ne contenant
aucunes stipulations ni clauses donnant lieu au
droit proportionnel, — reconnaissances pures et
simples ne contenant ni obligations, ni quittances,
ni rétractations ou révocations.

Droit de 3 fr.

Les acceptations de successions, — concordats
ou atermoiement, quelle que soit la somme que le
failli s'oblige à payer, — transactions, en quelque
matière que ce soit, ne contenant aucune stipula-
tion de sommes ou valeurs ni dispositions frap-
pées par la loi d'un droit plus fort.

Droit de 5 fr.

Les formations ou dissolutions de sociétés ne
portant ni obligations, ni libérations, ni transmissions de biens, meubles ou immeubles, soit entre

les associés, soit entre des tiers. — Partages de
biens meubles et immeubles entre copropriétai-
res, à quelque titre que ce soit, pourvu qu'il en
soit justifié et sans soulte.

Aperçu des droits proportionnels les plus usités.

— Cautionnements des baux de toute nature à
durée limitée . . . . . . , . 10 cent. par 100 fr.

— Baux à ferme ou à loyer de meubles ou immeubles . . . . , . 25 cent. p. 100.

Obligations, aternoiements entre débiteurs et
créanciers (*ce droit est perçu sur les sommes que
le débiteur s'oblige de payer.* — Billets à ordre,
— cessions d'actions et coupons d'actions mobilières de compagnies et sociétés, — d'actionnai-
res et tous autres effets négociables de particuliers ou de compagnies, — cautionnements de
sommes et objets mobiliers, — garanties mobilières et indemnités de même nature à l'exception
des lettres de change, tirées de place en place,
ci . . . . 50 cent. 0/0.

— Cautionnements d'obligations, — lettres de
change tirées de place en place ou venant de l'étranger et des colonies françaises lorsqu'elles sont pro-
testées faute de payement (*dans le cas de protêt,
faute d'acceptation, les lettres de change doivent*

être enregistrées avant même que la demande en remboursement ou en cautionnement puisse être formée contre les tireurs ou endosseurs). — Quittances, — remboursements ou achats de rentes et redevances de toute nature, ainsi que tous autres actes et écrits portant libération de sommes et valeurs mobilières, — ventes publiques de marchandises à la bourse et aux enchères par des courtiers de commerce, d'après l'autorisation du tribunal de commerce, — ventes de meubles et marchandises après faillite, ci.   25 cent. 0/0.

— Promesses de payer, — transactions, — arrêtés de comptes, — transports, — cessions et délégations de créances à termes, ci. . 1 fr 0/0.

— Ventes, — cessions, — reventes,   rétrocessions, — marchés et tous autres actes translatifs de propriétés à titre onéreux, ci. . 50 cent.

— Échange d'immeubles, ci. 2 fr. 75 cent. 0/0.

— Adjudications, — ventes, — reventes, — cessions, rétrocessions, et tous autres actes translatifs de propriétés ou d'usufruits, de biens immeubles à titre onéreux, ci. . 5 fr. 50 cent. 0/0.

7 DOUANES FRANÇAISES.

TABLEAU DES MARCHANDISES ADMISES AU BÉNÉFICE DE L'IMPORTATION TEMPORAIRE

En vertu de l'art. 5 de la loi du 5 Juillet 1836, pour recevoir en France un complément de main-d'œuvre, ou y subir une entière transformation.

NATURE DES MARCHANDISES	ÉTAT dans lequel elles doivent être représentées.	RENDEMENT OBLIGATOIRE.	DÉLAI pour les repré-senter.	OBSERVATIONS.
Blé froment, sans distinction d'espèce ni d'origine.	Farine blutée à { 10 p. 100. / 20 p. 100. / 30 p. 100.	90 p. 100. / 80 p. 100. / 70 p. 100.	20 j^rs. / id. / id.	(1)
Carbonate de potasse.	Prussiate de potasse.	50 kil. prussiate rouge.	6 mois	(2)
Potasse.	Cristallisée.	100 kil. prussiate jaune.	6 mois	(3)
Chapeaux de paille grossiers.	apprêtés et garnis.	Aucun déchet.	6 mois	
Cylindres en cuivre, unis	Cylindros gravés.	Id. id.	40 j^rs.	(4)
Étain brut, en saumons.	en lingots de 1 à 2 kil.	Poids pour poids	6 mois	
Fer laminé.	galvanisé.	Id. id.	2 mois	
Fontes brutes.	Machines et mécaniques.	Id. id.	6 mois	
Fontes brutes.	Ouvrages en fonte moulée	Id. id.	6 mois	
Foulards de soie, écrus.	imprimés.	Id. id.	3 mois	
Garance en racine { verte	garance moulue.	14 p. 100.	6 mois	
Garance en racine { sèche	id. id.	80 p. 100.	6 mois	
Graines { de lin.	Huile de colza.	36 p. 100	6 mois	
Graines { de colza.	— de lin.	30 p. 100	6 mois	
Graines { de sézame.	— de sézame.	50 p. 100	6 mois	
Huiles brutes { de graines	— épurée.	98 p. 100	3 mois	(5)
Huiles brutes { d'olives.	— id.	98 p. 100.	6 mois	
Iode.	Iode raffiné	90 p. 100.	3 mois	
Iode brut.	Iodure de potassium	117 k. 440 grammes.	3 mois	
Liége brut.	Liége façonnés	80 p. 100.	6 mois	
Ouvrages en fer ou en tôle	galvanisés.	Poids pour poids.	2 mois	
Planches de pin ou sapin	caisses.	Id. id.	2 mois	
Plomb en saumon.	en lingots de 1 à 2 kilos.	Id. id.	6 mois	
Plomb brut.	Litarge ou minium.	105 p. 100.	6 mois	
Riz en grains importé des pays hors d'Europe.	décortiqué ou nettoyé.	97 p. 100.	2 mois	(6)
Suif brut (graisse de bœuf ou de mouton),	Bougies stéariques. / Acide oléique.	soit 100 k. de bougie. / soit 50 k. id. / et 50 k. d'acide oléiq. pour 100 kil de suif.	4 mois	
Tartre brut.	Crème de tartre.	55 p. 100 acide tartrique.	6 mois	
Tôles, cornières et autres pièces de fer pour la construction des bateaux en fer et des chaudières à vapeur.	Bateaux en fer ou chaudières à vapeur.	Poids pour poids.	6 mois	
Zinc brut ou en saumon.	Laminé.	95 p. 100.	3 mois	

(1) On ne peut pas entrer moins de 15,000 kilog. — Les droits sont acquittés sur les sons.
(2) Pour 100 kil. de potasse importés.
(3) Pour 140 kil. id. id.
(4) Il est alloué 1 kil. et 1|2 par cylindre pour dé-chet. — Les déchets constatés à la sortie entraînent le payement de simple droit d'entrée.
(5) Pour 100 k. d'iode brut introduit.
(6) On ne peut entrer moins de 1000 kilo g.

CÉRÉALES

Pour l'application des droits d'entrée et de sortie sur les céréales, les départements-frontières sont divisés en quatre classes, subdivisées en sections, conformément au tableau ci-après :

CLASSES.	SECTIONS.	DÉPARTEMENTS.	MARCHÉS RÉGULATEURS.
1re	Unique	Pyrénées-Orientales, Aude, Hérault, Gard, Bouc.-du-Rhône, Var, Corse.	Toulouse, Gray, Lyon, Mars Ile.
2e	1	Gironde, Landes, Basses-Pyrénées, Hautes-Pyrénées, Arriége, Haute-Garonne.	Marans, Bordeaux et Toulouse.
	2e	Jura, Doubs, Ain, Isère, Basses-Alpes, Hautes-Alpes.	Gray. Saint-Laurent (près Mâcon), le Grand-Lemps.
3e	1re	Haut-Rhin, Bas-Rhin.	Mulhouse, Strasbourg.
	2e	Nord, Pas-de-Calais, Somme, Seine-Inférieure, Eure, Calvados. . .	Bergues, Arras, Roys, Soissons, Paris, Rouen.
	3e	Loire-Inférieure, Vendée, Charente-Inférieure.	Saumur, Nantes, Marans.
4e	1re	Moselle, Meuse, Ardennes, Aisne. .	Metz, Verdun, Charleville, Soissons.
	2e	Manche, Ille-et-Vilaine, Côtes-du-Nord, Finistère, Morbihan. . . .	Saint-Lô, Paimpol, Quimper, Hennebon, Nantes.

ASSURANCES CONTRE L'INCENDIE.

La Nationale, compagnie d'assurance contre l'incendie (ancienne *Compagnie Royale*, établie à Paris, rue de Ménars, 3, autorisée par ordonnance du 11 février 1820. Capital de garantie, 10,000,000. Réserves, 4,000,000. Primes courantes, 15,000,000.—*Conseil d'administration* : Jacques Lefebvre C. ✳ , *président* ; Odier (A.), Pillet-Will (comte), Lafond (N.) ✳, Hottinger (Henri) ✳, Rothschild (baron James de) G. O. ✳, Périer (Joseph), Dassier (A.), Lestapis (P.-F.), Mallet (Jules), Daviller (Henri), André (Ernest), Moreau (Frédéric), Germiny (Ch. comte de), Clausse. — *Censeurs* : Archdéacon (Sébastien), Delessert (Benjamin). — *Directeur* : Bourceret. — *Caissier* : Duclaron.—*Chef de bureau suppl.* : Lecaron, place de la Bourse, 12. — La Compagnie assure contre l'incendie, lors même que l'incendie est causé par le feu du ciel, les maisons, mobiliers, manufactures, marchandises, etc. — Lorsque les bâtiments assurés sont endommagés ou détruits par ordre de l'autorité pour arrêter les progrès de l'incendie, la Compagnie rembourse le dommage si le feu se communique de bâtiments également assurés par elle; la Compagnie renonce à son recours contre les propriétaires des bâtiments qui ont communiqué l'incendie.

———

L'Aigle, compagnie d'assurance à primes contre l'incendie, autorisée par ordonnance royale du 18 mai 1843, et par décret du président de la République du 18 septembre 1849.

Capital social : 2 millions.

Siége de la Société : Paris, rue de Helder, 13.

Administration : MM. Thayer O. ✳, directeur, gal. des Postes.

Président honoraire : Le baron de Baulche ✳, propriétaire; le marquis de Sercey ✳, propriétaire; le comte de Givodan ✳, propriétaire; Blanchard ✳, propriétaire; de Lapalme, propriétaire; de Freuville ✳, propriétaire; Dutilleul, avocat à la cour impériale de Paris; Le Chevalier (Ch.-Thomas ✳, directeur général de la compagnie *du Soleil;* Molinos ✳, propriétaire. — *Censeurs :* MM. Brisson ✳, propriétaire; L. Thomas (d'Alvarès) ✳.

Cette compagnie assure contre l'incendie, lors même que l'incendie est causé par le feu du ciel, toutes les propriétés mobilières et immobilières ; elle assure les dégâts résultant de l'explosion du gaz ; elle garantit aussi les risques locatifs et les recours des voisins. — Les dommages par suite de sinistres sont payés comptant. — Par la régularité de ses opérations, par sa loyauté bien connue et sa promptitude dans le règlement des dommages, la compagnie *l'Aigle* a obtenu l'assurance des édifices publics de plusieurs des principales villes de France ; elle a également réalisé celles des principaux chemins de fer, elle garantit maintenant plus de 500,000,000 de valeurs.

APPAREILS POUR LE GAZ.

Aubineau, rue Meslay, 65, à Paris, et Grande-Rue, 135-137, à la Chapelle-Saint-Denis ; élégance et solidité.

Barthélemy (J.) et Masser jeune, fabrique et installation d'appareils à gaz, lustres, lampes, bras, genouillères, becs en tous genres, lanternes, réflecteurs, consoles, etc.; compteurs, régulateurs, manomètres, etc.; plombs et robinets pour gaz ainsi que pour eaux ; location et entretien d'appareils au mois, fonderie de fer et de cuivre pour modèles, ornements et mécaniques. — Envois en province et à l'étranger, r. Saint-Sauveur, 51.

Hébert (maison Leteigneux et comp.); appareils pour le gaz, pose de becs à blancs, brevetés (s. g. du g.); verres et globes, fumivores en cristal ; pose de conduits et terrassements, fournitures, réparation et entretien de compteurs, plomberie pour le gaz et l'eau, candélabres, lustres, etc. ; expéditions et installations pour la province et l'étranger ; construction d'usines pour l'éclairage des villes et des particuliers. — Magasins et ateliers, r. du Colisée, 48, et faubourg Saint-Honoré, 50.

FOURS POUR LA BOULANGERIE.

Dardy et Combes, ingénieurs et entrepreneurs ; spécialité de fours pour les boulangers, r. Jean-Jacques-Rousseau, 5, à Paris.

CHEMINS DE FER.

Stations et correspondances de la section de Montereau à Troyes.

STATIONS :

Paris, Montereau, Chatenay, Vimpelles, les Ormes, Hernie, Melz, Nogent, Pont-sur-Seine, Romilly, Mugrigny, Saint-Mesnin , Payns, Barberey.

CORRESPONDANCES :

Vimpelles *avec* Bray et Dannemarie.

Les Ormes *avec* Provins.

Pont-sur-Seine *avec* Villeneuve.

Romilly *avec* Sézanne.

Mugrigny *avec* Argis, Plangy et Sézanne.

Et enfin, **Troyes** *avec* Bar-sur-Aube, Bar-sur-Seine, Brévannes, Châlons-sur-Marne, Chaource, Châtillon-sur-Seine, Chaumont, Cintrey, Clairvaux, Combeau-Fontaine, Damblain, Ervy, Essoyes, Estisse, Fays-le-Billot, Langres, Nogent-le-Roi, Piney, Pont-sur-Saône, Riceys, Saint-Florentin, Scey-sur-Saône, Tonnerre, Vandeuvre, Vesoul.

Buffets aux Ormes et à Troyes.

AVIS ESSENTIELS.

1° La Compagnie ne perçoit aucun factage pour le transport tant, *messageries* et *finances*, du bureau central de la Compagnie (situé rue Coq-Héron, 6), à la gare de Lyon et aux stations de la ligne, que des mêmes articles provenant de la *ligne de Montereau à Troyes* à remettre à domicile dans Paris ;

2° *Les trains* nᵒˢ 3 et 4, contiennent des voitures de 3ᵉ *classe*, mais, seulement pour les voyageurs en destination de la ligne et ceux des stations de la ligne en destination de Paris. — Au *train* nᵒ 6 il n'est délivré que des billets de 1ʳᵉ *classe* pour la destination au delà de Montereau ;

3° Deux personnes peuvent, sans *supplément* du *tarif*, voyager dans les voitures à *un fond*, trois dans celles à *deux fonds*, et quatre dans celles à *trois fonds*.

Les voyageurs excédant ce nombre payent le prix de la 2ᵉ *classe*.

ÉGLISE ÉVANGÉLIQUE.

De la confession d'Augsbourg à Paris.

Persuadé que nous ne saurions accueillir trop favorablement, en leur donnant place dans ce recueil, tous les avis, documents, ou renseignements pouvant être utiles à nos souscripteurs, nous pensons ne pouvoir mieux clore notre travail que par la note suivante, dont nous sommes redevables à l'obligeance de **M. L. Valette,** *pasteur évangélique* de l'église des *Billettes* à Paris.

Service religieux hors barrière [1].

Le service divin, selon le rite la Confession d'*Augsbourg,* est régulièrement célébré dans les localités suivantes :

Aux Batignolles, tous les dimanches et jours de fêtes, à 12 h. 1/2. — Pour l'instruction religieuse des enfants, s'adresser au pasteur, M. L. Vernes, *r. des Batignollaises,* 10.

[1] C'est à M. le Pasteur HOSEMANN, rue Monsieur-le-Prince, 48, que sont priés de s'adresser les fidèles demeurant *hors barrière* et dans les Environs de Paris, qui auront à requérir quelque acte du ministère évangélique.

A Puteaux, *r. des Pavillons,* 3. — Les 2e et 4e dimanches de chaque mois, à 11 h. du matin. — Instruction religieuse des enfants tous les jeudis à 2 h.

A Vaugirard, *Grande-Rue,* 134. — Les 2e et 4e dimanches de chaque mois, à 3 h. de l'après-midi.

A Bicêtre, le 3e mercredi de chaque mois, à 1 h.

A Corbeil (Seine-et-Oise), *à l'église évangélique,* les 2e et 4e dimanches de chaque mois, à 11 h. du matin en *français* et à 2 h. en *allemand.* — Instruction religieuse des enfants entre les deux services. — Communion à Pâques, Pentecôte et Noël.

Bellevue, *près Meudon.* — Les 1er et 3e dimanches du mois, à 2 h. — Communion le dimanche de Pâques, le dimanche de la Pentecôte et le 1er dimanche d'octobre.

Saint-Germain, *r. des Miettes,* tous les dimanches à 2 h. — Communion à Pâques, Pentecôte et Noël, et en septembre. — Instruction religieuse le jeudi à 10 h. — École du dimanche à 1 h.

Église des Batignolles.

Boulevard extérieur, 46, entre la barrière de Clichy et celle de Monceaux.

Pasteur, M. Louis VERNES, r. des Batignollaises, 10.

École du dimanche à 11 h.

Service divin tous les dimanches et jours de fête, à 12 h. 1/2.

Communion à Noël, Pâques, Pentecôte et le 2ᵉ dimanche d'octobre, et service de préparation le jeudi avant la communion, à 7 h. 1/2 du soir

Service en faveur de la Société biblique protestante et de la Société d'instruction primaire, le 12 février.

Service de collecte pour les pauvres, les dimanches 17 et 24 décembre.

Instruction religieuse pour la communion, s'adresser au Pasteur.

PRÉDICATIONS.

Régulièrement.	MM. LOUIS VERNES.
Le 22 janvier.	PAUMIER.
Le 26 février.	PAUMIER.

Le 12 mars. . . . . . . GRANDPIERRE.
Le 78 juin. . . . . AD. MONOD.
Le 24 septembre. . . . GRANDPIERRE.
Le 22 octobre. . . . . AD. MONOD.
Le 26 novembre. . . . VERMEIL.

S'adresser, pour réclamer les secours du diaconat, tous les jours, excepté le dimanche, à l'église, de 8 h. à 8 h. 7/2 du matin.

FIN.

TABLE ALPHABÉTIQUE DES MATIÈRES.

—

BERCY.

A

Administration supérieure, 11. — Administration municipale, 12. — Affaires et recouvrements, 68.— Agences, 68. — Agents de change près la Bourse de Paris, 174. — Agréés près le tribunal de commerce, 183. — Appareils à gaz, 197, — Architectes, 68. — Assurances contre l'incendie, 195. — Avocats, 61.

B

Bains publics, 49. — Balayage, 51. — Bals publics, 49. — Banque de France, 171. — Bas (fab. de), 69. — Blanchisseurs, 69.— Bitume et asphalte, 48. — Bois, 69. — Bouchers, 71. — Boulangers, 71. — Bourreliers-selliers, 72. — Brasseurs, 72. — Brocanteurs, 72. — Broches pour tonneliers, 73. — Brodeuses, 73. — Brosserie (fab. de), 73. — Boues (enlèvement des), 51. — Bourse de Paris, 174. — Bureau de bienfaisance et secours aux malades, 31.

C

Cabinets de lecture, 73. — Cadastre, 42. — Caisse

F

G

H

I

J

L

M

Maçonnerie (entrepreneurs de), 93. — Maison de confection, 93. — Marbriers, 93. — Marchés régulateurs pour les céréales, 194. — Marchés de Bercy, 47. — Maréchaux, 94. — Mariages (publications de), 16, — Mariniers, 94. — Mécaniciens, 94. — Médecins, 94. — Menuisiers et ébénistes, 94. —Ministres et leurs départements, 184.—Modes, 95. —Morts violentes ou accidentelles, 21.—Moutarde (fabricant de) 95.

N

Naissances, 14. — Naturalisation, 25. — Navigation du port, 49. — Noir animal, 95. — Nomenclature des rues et voies publiques de Bercy, 65.— Nourrisseurs, 96. —Nouveautés, 96.—Numérotage des maisons, 65.

O

Omnibus (voitures), 50. — Officiers ministériels, 34.

P

Papier timbré, 46. — Papetiers, 96. — Papiers peints, 96. — Parapluies (marchands de), 97. — Pâtissiers, 97. — Paveurs, 97. — Peintres-vitriers, 97. — Peintres en voitures, 97. — Pensions de garçons, 97. — Pensions de demoiselles, 98. — Permis de chasse, 40. — Pharmaciens, 98.—Plombiers, 98.

V

Caves, Entrepôts et Magasins de Bercy.

des), 152. — Ménant et comp. (*maison*), 139. — Pellou et comp. (*maison*), 143. — Proust (*maison*), 144. — Société civile de Bercy (*entrepôt de la*), 134. — Teissonière et comp. (*maison*), 154. — *Magasins divers*, 155.

GARE D'IVRY.

Liste générale par professions, industries et numéros de maisons, des Fabricants, Négociants et Commerçants de la Gare d'Ivry, 159.

FIN DE LA TABLE.

Paris. — Typ. Morris et comp., rue Amelot, 64.

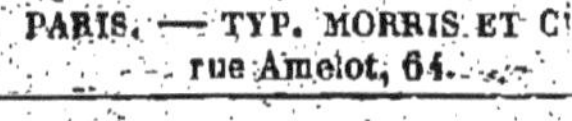
PARIS. — TYP. MORRIS ET Cie,
rue Amelot, 64.